Umbanda
e o Poder da Mediunidade
— As Leis da Magia —

Dados Internacionais de Catalogação na Publicação (CIP)
(Câmara Brasileira do Livro, SP, Brasil)

Silva, W. W. da Matta e

Umbanda e o poder da mediunidade / W. W. da Matta e Silva (Mestre Yapacany). — 4ª edição — São Paulo: Ícone, 2017.

ISBN 978-85-274-0923-0

1. Mediunidade 2. Umbanda (Culto) I. Título

97-3409 CDD-299.60981

Índice para catálogo sistemático:
1. Umbanda: Religiões afro-brasileras   299.60981

W. W. da Matta e Silva
(Mestre Yapacany)

Umbanda e o Poder da Mediunidade
— As Leis da Magia —

4ª Edição

© Copyright 2017
Ícone Editora Ltda.

Capa
Richard Veiga

Ilustrações
W. W. da Matta e Silva

Diagramação
Regina Paula Tiezzi

Revisão
Jonas Medeiros Negalha

Proibida a reprodução total ou parcial desta obra, de qualquer forma ou meio eletrônico, mecânico, inclusive através de processos xerográficos, sem permissão do editor (Lei nº 9.610/98).

Todos os direitos reservados pela
ÍCONE EDITORA LTDA.
Rua Javaés, 589 – Bom Retiro
CEP: 01130-010 – São Paulo/SP
Fone/Fax: (11) 3392-7771
www.iconeeditora.com.br
iconevendas@iconeeditora.com.br

W. W. DA MATTA E SILVA: UM ARAUTO DO ALÉM
(1917-1988)

A pedido da **família Matta e Silva**, que muito nos honra, estamos introduzindo esta portentosa e valiosa obra. Queremos ressaltar que a família Matta e Silva, liderada por seu **filho carnal** Ubiratan da Matta e Silva, guiada pelas luzes do Astral Superior e, não temos a menor dúvida, por **Pai** Guiné, não pouparam esforços para que estas e outras obras de **Mestre Matta e Silva** fossem editadas pela Editora Ícone, deveras conhecida pelos serviços prestados em favor da educação e da cultura do nosso país.

Assim, **reiteramos** que só aceitarmos a tarefa de introduzir esta e outras obras de nosso Pai, Mestre e Amigo Matta e Silva, por **dois motivos**:

O primeiro deveu-se a insistência por parte da família Matta e Silva, principalmente de seu filho carnal, Ubiratan, ao qual dispensamos profunda amizade e queremos como a um irmão. Igualmente, não poderíamos nos furtar em aquiescer a um pedido de um grande Irmão e Amigo, o **Sr. Fanelli**, Diretor-Presidente da Editora Ícone.

O segundo e principal deveu-se aos **sinais** do Astral Superior. Sim, as obras de **meu Pai** serão editadas na **mesma editora que edita nossas obras**, há vários anos. Por que será?!!

Sim, tudo é sequencial, e quiseram os desígnios superiores que duas gerações unidas dessem seguimento a um trabalho iniciado há mais de quarenta anos.

Esperamos com isso responder, a **todos os incautos e mal intencionados**, que a justiça sempre se expressa, cedo ou tarde. Eis aí, pois, a sua manifestação...

Após estas ligeiras explicações, pedimos ao Leitor Amigo, simpatizante e interessado nas obras e na pessoa de **Matta e Silva**, que leia atentamente o que se seguirá, pois demonstrará de forma insofismável os porquês de estarmos introduzindo esta e outras obras que virão.

Conheçamos um pouco sobre o homem Matta e Silva e também sobre o **Mestre Espiritual Yapacany**, verdadeiro **Mensageiro do Além**.

Nascido em Garanhuns, Pernambuco, em 28.6.1917, talvez tenha sido o médium que maiores serviços prestou ao Movimento Umbandista, durante seus 50 anos de mediunismo. Não há dúvidas que suas 9 obras escritas constituem as bases e os fundamentos do **puro e real Umbandismo**.

Sua tarefa na literatura Umbandista, que fez milhares de simpatizantes e seguidores, iniciou-se no ano de 1956. Sua primeira obra foi **Umbanda de Todos Nós** considerada por todos a *Bíblia da Umbanda*, pois transcendentais e avançados eram e são seus ensinamentos. A 1ª edição veio à luz através da Gráfica e Editora Esperanto, a qual situava-se, na época, a rua General Argôlo, 230, Rio de Janeiro. O volume nº 1 desta fabulosa e portentosa obra encontra-se em nosso poder... presenteados que fomos pelo insigne Mestre. Em sua dedicatória consta:

Rivas, este exemplar é o nº 1. Te dou como prova do grande apreço que tenho por você, Verdadeiro filho de Fé do meu Santuário — do Pai Matta — Itacurussá, 30.7.1986.

Desta mesma obra temos em mãos as promissórias que foram pagas, por Ele, à Gráfica Esperanto, que facilitou o pagamento dos 3.500 exemplares em 180 dias ou 6 parcelas. Vimos, pois, que a 1ª edição de *Umbanda de Todos Nós*, para ser editada, teve seu autor de pagá-la.

Umbanda de Todos Nós agradou a milhares de Umbandistas, que encontraram nela os reais fundamentos em que poderiam se escudar, normalmente nos aspectos mais puros e límpidos da Doutrina Umbandista. Mas, se para muitos foi um impulso renovador de fé e convicção, para outros, os interessados em iludir, fantasiar pretensões, foi um verdadeiro obstáculo às suas funestas pretensões, tanto que começaram a combatê-la por todos os meios possíveis e até à socapa.

Realmente, foi uma luta Astral, uma demanda, em que as Sombras e as Trevas utilizaram-se de todos os meios agressivos e contundentes que possuíam, arrebanhando para suas *fileiras do ódio e da discórdia* tudo o que de mais nefano e trevoso encontrassem, quer fosse encarnado ou desencarnado.

Momentos difíceis assoberbaram a rígida postura do Mestre, que muitas vezes, segundo ele, sentiu-se balançar. Mas não caiu!

E os outros? Ah! os outros...

Decepcionado com a recepção destes verdadeiros opositores, renhidos e fanáticos, à sua obra, Matta e Silva resolveu cruzar suas armas, que eram sua intuição, sua visão astral, calcada na lógica e na razão, e sua máquina de escrever... Embora confiasse no Astral, obteve Agô para um pequeno recesso, onde encontraria mais forças e **alguns raros e fiéis aliados** que o seguiriam no desempenho da missão que ainda o aguardava.

Na época, não fosse por seu *Astral*, Matta e Silva teria desencarnado... Várias vezes, disse-nos, só não tombou porque Oxalá não quis... muitas vezes precisou dormir com sua *gira firmada*, pois ameaçavam-no de levá-lo durante o sono... Imaginem os leitores amigos os assaltos que devem ter assoberbado o nobre Matta e Silva...

Pai Cândido, que logo a seguir denominou-se como **Pai Guiné**, assumiu toda responsabilidade pela manutenção e reequilíbrio astrofísico de seu Filho, para em seguida orientá-lo na escrita de mais um livro. Sim, aí lançou-se, através da Editora Esperanto, *Umbanda — Sua Eterna Doutrina*, obra de profunda filosofia transcendental. Até então, jamais haviam sido escritos os conceitos esotéricos e metafísicos expostos. Brilhavam, como ponto alto em sua doutrina, os conceitos sobre o Cosmo Espiritual ou Reino Virginal, as origens dos Seres Espirituais etc... Os seres Espirituais foram ditos como sendo incriados e, como tal, eternos...

Devido a ser muito técnica, *Umbanda — Sua Eterna Doutrina* agradou aos estudiosos de todas as Correntes. Os intelectuais sentiram pesos em seus conceitos, sendo que, para dizer a verdade, passou até certo ponto despercebida pela grande massa de crentes, e mesmo pelos ditos dirigentes umbandistas da época.

Ainda não se esgotara a primeira edição de *Sua Eterna Doutrina* e Pai Matta já lançava outra obra clássica, que viria a enriquecer ainda mais a Doutrina do Movimento Umbandista. Complemento e ampliação dos conceitos herméticos esposados por *Sua Eterna Doutrina*, o novo livro, **Doutrina Secreta da Umbanda**, agradou mais uma vez a milhares de pessoas.

Não obstante suas obras serem lidas não só por adeptos umbandistas, mas também por simpatizantes e mesmo estudiosos das ditas Ciências Ocultas, seu Santuário, em Itacuruçá, era frequentado pelos simples, pelos humildes, que se quer desconfiavam ser o *velho Matta* um escritor conceituado no meio umbandista. Em seu Santuário, Pai Matta guardou o anonimato, vários e vários anos, em contato com a natureza e com a pureza de sentimentos dos simples e humildes. Ele merecera esta dádiva, e nesta doce Paz de seu *"terreirinho"* escreveria mais outra obra, também potente em conceitos.

Assim nasceu **Lições de Umbanda e Quimbanda na Palavra de um Preto-Velho**, obra mediúnica que apresenta um diálogo edificante entre um Filho-de-Fé (*ZiCerô*) e a Entidade Espiritual que se diz *Preto-Velho*. Obra de nível, mas de fácil entendimento, sem dúvida foi um marco para a Doutrina do Movimento Umbandista.

Após 4 obras, *Matta e Silva* tornou-se por demais conhecido, sendo procurado por simpatizantes de todo o Brasil. Embora atendesse a milhares de casos, como em geral são atendidos em tantos e tantos terreiros por este Brasil afora, havia em seu atendimento uma diferença fundamental: as dores e mazelas que as humanas criaturas carregam eram retiradas, seus dramas equacionados à luz da Razão e da Caridade, fazendo com que a **Choupana** do *Velho Guiné* quase todos os dias estivesse lotada... Atendia também aos oriundos de Itacurussá — na ocasião uma cidade sem recursos que, ao necessitarem de médico, e não havendo nenhum na cidade, recorriam ao *Velho Matta*. Ficou conhecido como curandeiro, e sua fama ultrapassou os limites citadinos, chegando às ilhas próximas, de onde acorreram centenas de sofredores de Vários matizes.

Como se vê, é total iniquidade e falta de conhecimento atribuir a Matta e Silva a pecha de elitista. Suas obras são honestas, sinceras, reais, e revelam em suas causas o **hermetismo** desta *Umbanda de Todos Nós*.

Continuando a seguir a jornada missionária de Pai Matta, vamos encontrá-lo escrevendo mais uma obra: *Mistérios e Práticas da Lei de Umbanda*. Logo a seguir, viria *Segredos da Magia de Umbanda e Quimbanda*. A primeira ressalva de forma bem simples e objetiva as raízes míticas e místicas da Umbanda. Aprofunda-se no sincretismo dos Cultos Afro-Brasileiros, descortinando o panorama do atual Movimento Umbandista. A segunda aborda a Magia Etéreo-Física, revela e ensina de maneira simples e prática certos rituais seletos da Magia de Umbanda. Constitui obra de cunho essencialmente prático e muito eficiente.

Prosseguindo, chegamos a *Umbanda e o Poder da Mediunidade*. Nesta obra entenderemos como e por que ressurgiu a Umbanda no Brasil. Ela aponta as verdadeiras origens da Umbanda. Fala-nos da magia e do médium-magista. Conta-nos, em detalhes, ângulos importantíssimos da magia sexual. Há neste livro uma descrição dantesca sobre as zonas cavernosas do baixo astral, revelando covas com seus magos negros que, insistentemente, são alimentados em suas forças por pensamentos, atos e até por *oferendas* grosseiras das humanas criaturas.

Após 7 obras, atendendo a numerosos pedidos de simpatizantes, resolveu o Mestre lançar um trabalho que sintetizasse e simplificasse todas as outras já escritas. Assim surgiu **Umbanda do Brasil**, seu oitavo livro. Agradou a todos e, em 6 meses, esgotou-se. Em 1978 lançaria o Mestre sua última obra: **Macumbas e Candomblés na Umbanda**. Este livro é um registro fidedigno de vivências místicas e religiosas dos chamados Cultos Afro-brasileiros. Constitui um apanhado geral das várias unidades-terreiros, as quais refletem os graus conscienciais de seus adeptos e praticantes. Ilustrados com dezenas de fotografias explicativas, define de maneira clara e insofismável a Umbanda popular, as Macumbas, os Candomblés de Caboclo e dá noções sobre Culto de Nação Africana etc.

O leitor atento deve ter percebido que, durante nossos dezoito anos de convivência iniciática, e mesmo de relacionamento Pai-Filho com o Pai Matta, algumas das fases que citamos nós precisamos *in loco*...

Conhecemo-lo quando, após ler **Umbanda de Todos Nós**, tivemos forte impulso de procurá-lo. Na ocasião morávamos em São Paulo. Fomos procurá-lo em virtude de nosso Astral casar-se profundamente com o que estava escrito naquele livro, principalmente sobre os conceitos relativos às *7 linhas, modelo de ritual* e a tão famosa *Lei de Pemba*. Assim é que nos dirigimos ao Rio de Janeiro, sem saber se o encontraríamos. Para nosso regozijo, encontrámo-lo na livraria da rua 7 de setembro.

Quando nos viu, disse que já nos aguardava, e por que havíamos demorado tanto?!

Realmente ficamos perplexos, deslumbrados... parecia que já o conhecíamos há milênios... e, **segundo Ele, conhecíamo-nos mesmo, há várias reencarnações**...

A partir desta data, mantivemos um contato estreito, frequentando, uma vez por mês, a famosíssima *Gira de Pai Guiné* em Itacurussá — verdadeira **Terra da Cruz Sagrada**, onde *Pai Guiné* firmou suas Raízes, que iriam espalhar-se, difundindo-se por todo o Brasil. Mas, voltando, falemos de nosso convívio com o insigne Mestre.

Conhecer *Matta e Silva* foi realmente um privilégio, uma *dádiva dos Orixás*, que guardo como sagrado no âmago de meu Ser. Nesta hora, muitos podem estar perguntando:

— Mas como era este tal de Matta e Silva?

Primeiramente, **muito humano**, fazendo questão de ressaltar este fato. **Aliás, em avesso ao *endeusamento*, mais ainda à mitificação de sua pessoa.** Como humano, era muito sensível e de personalidade firme, acostumado que estava a enfrentar os embates da própria vida... Era inteligentíssimo!

Tinha os sentidos aguçadíssimos... mas era um profundo solitário, apesar de cercarem-no centenas de pessoas, **muitas delas, convivendo com Ele por vários anos, não o compreenderam**... Seu espírito voava, interpenetrando e interpretando em causas o motivo das dores, sofrimentos e mazelas várias...

A todos tinha uma palavra amiga e individualizada. *Pai Matta* não tratava casos, tratava Almas... e, como tal, tinha para cada pessoa uma forma de agir, segundo o seu grau consciencial próprio!

Sua cultura era exúberante, mas sem perder a simplicidade e originalidade. De tudo falava, era atualizadíssimo nos mínimos detalhes... Discutia ciência, política, filosofia, arte, ciências sociais, com tal naturalidade que parecia ser Mestre em cada disciplina. E era!...

Quantas e quantas vezes discutíamos medicina e eu, como médico confesso, tinha de me curvar aos seus conceitos, simples mas avançados...

No mediunismo era portentoso... Seu pequeno *copo da vidência* parecia uma *televisão tridimensional!* Sua percepção transcendial... Na mecânica da incorporação, era singular seu desempenho! Em conjunto simbiótico com **Pai Guiné** ou **Caboclo Juremá** trazia-nos mensagens relevantes, edificantes e reveladoras, além de certos fenômenos mágicos, que não devemos citar...

Assim, caro leitor, centenas de vezes participamos como 1116diuns atuantes da *Tenda de Umbanda Oriental*, verdadeira **Escola de Iniciação à Umbanda Esotérica de Itacurussá.**

A Tenda de Umbanda Oriental (T.U.O.) era um humilde prédio de 50 m². Sua construção, simples e pobre, era limpa e rica em Assistência

Astral. Era a verdadeira **Tenda dos Orixás**... Foi aí, nesse recinto sagrado, onde se respirava a doce Paz da Umbanda, que, em 1978, **fomos coroados como Mestres de Iniciação de 7º grau e considerados representantes diretos da Raiz de Pai Guiné, em São Paulo**. Antes de sermos coroados, é claro que já havíamos passado por muitos rituais que antecedem a "Coroação Iniciática".

É necessário frisar que, desde 1969, tínhamos nossa humilde Choupana de trabalhos umbandísticos, em São Paulo, onde atendíamos centenas de pessoas, muitas das quais enviadas por Pai Matta. Muitos deles, os que vieram, tornaram-se médiuns de nossa Choupana, a **Ordem Iniciática do Cruzeiro Divino**.

Muitas e muitas vezes tivemos a felicidade e a oportunidade ímpares de contarmos com a presença de **Pai Matta** em nossa choupana, seja em rituais seletos ou públicos e mesmo em memoráveis palestras e cursos. Uma delas, aliás, constitui acervo do arquivo da Ordem Iniciática do Cruzeiro Divino: uma fita de videocassete em que seus "netos de Santé" fazem-lhe perguntas sobre sua vida, doutrina e mediunismo... Constam ainda de nossos arquivos centenas e centenas de fotos, tiradas em São Paulo, Rio de Janeiro e em outros e vários locais...

Para encerrar esta longa conversa com o prezado leitor, pois se continuarmos um livro de mil páginas não seria suficiente, relatemos a última vez que **Pai Matta** esteve em São Paulo, isto em dezembro de 1987.

Em novembro de 1987 estivemos em Itacurussá, pois nosso Astral já vinha nos alertando que a pesada e nobre tarefa do Velho Mestre estava chegando ao fim... Surpreende-nos, quando lá chegamos, que ele nos chamou e, a sós e em tom grave, disse-nos:

— Rivas, minha tarefa está chegando ao fim, o Pai Guiné já me avisou... Pediu-me que eu vá a São Paulo e lá, no seu terreiro, ele baixará para promover, em singelo ritual, a passagem, a transmissão do Comando Vibratória de nossa Raiz...

Bem, caro leitor, no dia 2 de dezembro, um domingo, nosso querido Mestre chegava do Rio de Janeiro. Hospedando-se em nossa residência, assim como fazia sempre que vinha a São Paulo, pediu-nos que o levássemos a um oftalmologista de nossa confiança, já que havia se submetido sem sucesso a 3 cirurgias no controle do glaucoma (interessante é que desde muito cedo começou a ter estes problemas, devido a...).

Antes disso, submetemo-lo a rigoroso exame clínico, onde diagnosticamos uma hipertensão arterial acompanhada de uma angina de peito, estável. Tratamo-lo e levamo-lo ao colega oftalmologista. Sentíamos que ele estava algo ansioso, e na ocasião **disse-nos que o Pai Guiné queria fazer o mais rápido possível o ritual**. Disse-nos também que a responsabilidade da literatura ficaria a nosso cargo, já que lera *Umbanda — A Proto-Síntese Cósmica* e *Umbanda Luz da Eternidade*, vindo a prefaciar as duas obras. Pediu-nos que fizéssemos o que o **Sr. 7 Espadas havia nos orientado, isto é, que lançássemos primeiro *Umbanda — A Proto-Síntese Cósmica*. Segundo *Pai Matta*, este livro viria a revolucionar o meio Umbandista e os que andavam em paralelo, mormente os ditos estudiosos das ciências esotéricas ou ocultas. Mas, para não divagarmos ainda mais, cheguemos já ao dia 7 de dezembro de 1987.**

A **Ordem Iniciática do Cruzeiro Divino**, com todo seu corpo mediúnico presente, se engalanava, vibratoriamente falando, para receber nosso querido Mestre e, muito especialmente, **Pai Guiné**.

Às 20 horas em ponto adentramos o recinto sagrado de nosso *Santuário Esotérico*. *Pai Matta* fez pequena exortação, dizendo-se feliz de estar mais uma vez em nosso humilde terreiro, e abriu a gira. Embora felizes, sentíamos em nosso Eu que aquela seria a última vez que, como encarnado, nosso Mestre pisaria a areia de nosso *Congá*. Bem... **Pai Guiné, ao baixar**, saudou a todos e promoveu um ritual simples mas profundamente vibrado e significativo. Num determinado instante do ritual, na apoteose do mesmo, em tom baixo, sussurrando ao nosso ouvido, dissemos:

— **Arapiaga, meu filho, sempre fostes fiel ao meu cavalo e ao Astral, mas sabeis também que a tarefa de meu cavalo não foi fácil, e a vossa também não será. Não vos deixeis impressionar por aqueles que querem usurpar e só sabem trair; lembrai-vos de Oxalá, o Mestre dos Mestres, foi coroado com uma coroa de espinhos... Que Oxalá abençoe vossa jornada, estarei sempre convosco...**

Em uma madeira de cedro, deu-nos um Ponto riscado, cravou um ponteiro e, ao beber o vinho da Taça Sagrada, disse-nos:

— **Podes beber da Taça que dei ao meu Cavalo — ao beberes, seguirás o determinado... que Oxalá te abençoe sempre!**

A seguir, em voz alta, transmitiu-nos o **comando mágico vibratório de nossa Raiz...**

Caro leitor, em poucas palavras, foi assim o ritual de transmissão de comando, que, com a aquiescência de **Pai Guiné, temos gravado em videocassete e em várias fotografias.**

Alguns dias após o ritual, Pai Matta mostrou-nos um documento com firma reconhecida, no qual declarava que nós éramos seus representantes diretos, em âmbito nacional e internacional (?!). Sinceramente, ficamos perplexos!

Na ocasião não entendíamos o porquê de tal precaução, mesmo porque **queríamos e queremos ser** *apenas* **nós mesmos, ou seja, não ser sucessor de ninguém, quanto mais de nosso Mestre.**

Talvez, por circunstância Astral, ele e Pai Guiné não pudessem deixar um hiato, no qual **usurpadores vários** poderiam, como aventureiros, aproveitar-se para destruir o que Eles haviam construído! Sabiam que, como sucessor do grande Mestre, eu não seria nada mais que um fiel depositário de seus mananciais doutrinários!

Quem nos conhece a fundo sabe que somos desimbuídos da tola vaidade! Podemos ter milhares de defeitos, e realmente os temos, mas a vaidade não é um deles, mormente nas *coisas do Espiritual*.

Não estaríamos de pé, durante 34 anos de lutas e batalhas, se o Astral não estivesse conosco... Assim, queremos deixar claro a todos que, nem ao Pai Guiné ou ao *Pai Matta*, em momento algum, solicitamos isto ou aquilo referente à nossa Iniciação e muito menos à sua sucessão... foi o Astral quem nos pediu (o **videocassete mostra**) e, como sempre o fizemos, a Ele obedecemos.

Mas o que queremos, em verdade, é ser aquilo que sempre fomos: **nós mesmos. Não estamos atrás de** *status*; queremos servir. Queremos ajudar, como outros, a semeadura, pois quem tem um pingo de esclarecimento sabe que amanhã...

No mesmo dia que alhures citamos, Pai Guiné pediu-nos que deixássemos em nosso Conga, por um período de sete anos após a passagem de nosso Mestre para outras dimensões da vida, "Sinais de Pemba", as Ordens e Direitos que dera ao seu aparelho.

Após este período de sete anos, que recolocássemos os **Sinais Riscados** das nossas **Ordens e Direitos** estendidas por **Velho Payé** (Urubatão da Guia) em perfeita incorporação sobre nós há mais de vinte anos.

Sim, disse-nos que Ele, Pai Guiné, havia preparado o **Advento do "Velho Payé"**, detentor da Tradição Cósmica velada pela Raça Vermelha, a primeira a habitar o orbe terreno.

Nas obras de Matta e Silva, Ele deixa claro que a Verdadeira Tradição estava de posse da Raça Vermelha e, como sabemos, Pai Guiné era um dos condutores da Raça Negra, a qual vinha parando o ressurgimento, a restauração da Síntese Perdida, que é patrimônio da Raça Vermelha (A Raça Cósmica).

Assim, após nossas elucidações, reiteramos que não somos seu sucessor. Continuamos, sim, onde parou. Transcendemos, segundo suas próprias palavras, no prefácio da obra *Umbanda — A Proto-Síntese Cósmica*.

Seguimos a Raiz de Velho Payé que afirmamos preconizar **Fundamentos Cósmicos de Umbanda, de uma Umbanda Universal, aplicada, vivenciada e ensinada em qualquer região do planeta, e não apenas no Brasil.**

Quanto aos outros Irmãos de Fé Iniciados que se mantiveram-se ortodoxos, sectários e estacionários nos Fundamentos preconizados pelo Mestre, pouco ou nada temos a lhes dizer... Eles já escolheram o caminho... A Eles nosso profundo e sincero respeito e aceitação pelos seus graus conscienciais.

Os Fundamentos por nós atualmente seguidos são os da **Raiz de Velho Payé, que é a Raiz de Pai Guiné revigorada, atualizada com Fundamentos próprios. Isto deve-se à dialética Umbandística, que como sabemos é uma marcha, um processo sem fim.**

Quando conclamamos a todos os Irmãos de Raiz para uma aproximação, para discutirmos os novos, atualizados e revigorados Fundamentos de nossa Raiz, infelizmente, **muitos deles "encolheram-se"**. Outros, disseram que iriam reativar a Raiz de Guiné, que segundo os **"Filhos do Mestre"**, havia ficado parada por sete anos, aliás, então é bom corrigir-se, oito anos (?!!). Pode?!!

É óbvio que o bom-senso refuta tal absurdo. É um acidente aos bons princípios da Lógica e da Luz que norteiam os Mentores Espirituais de Umbanda. Portanto, cremos, tal aberração é escatológica, destituída de qualquer sentido de sanidade e higidez mento-espiritual. Infelizmente, falta-lhe sustentação dialética... que fazer?!! Paciência, compreensão...

Não podemos confundir Leis Espirituais sérias, como são as de Umbanda, com vaidades pessoais, inveja, despeito e despreparo para o diálogo calcado na lógica e na razão. Mas a todos respeitamos e achamos justo que sigam os **antigos Fundamentos**, pois para muitos serão novos.

Estamos nos pórticos do III Milênio, o milênio da Grande Confraternização Universal. Urge, pois, que assumamos uma posição madura e não pueril perante a Umbanda. Nós, a pedido do Astral, do próprio Pai Guiné, assumimos a nossa, que queríamos fosse de todos, mas...?!

No final, mais uma vez queremos agradecer a honra a nós concedida pela família de Matta e Silva, enviando um fraternal Saravá à **"Senhora no Santé" Carolina Corrêa** pela sua dignidade, lucidez, profunda simpatia e carinho para com nossa pessoa.

Assim, a todos, esperamos ter ficado claro e patente do por que das obras de W. W. da Matta e Silva terem sido reeditadas na mesma Editora para a qual escrevemos.

As obras portentosas e altamente dignificantes e esclarecedoras de Pai Matta foram a base para a nossa formação de cunho universalista. É de lamentar-se que outros tidos como **filhos do Mestre** não tenham adentrado no âmbito interno de seus ensinamentos de vida, atendo-se apenas a "Umbanda de Terreiro".

A verdadeira Umbanda preconizada por Matta e Silva transcendia o visível e sensível, penetrava no âmago, na essência, no **Templo do Eu Espiritual que hoje e sempre será cósmico.**

Com um fraternal e sincero Saravá a todos, do

**RIVAS NETO
(MESTRE ARAPIAGA)**

INTRODUZINDO

Irmão leitor Umbandista!... Por motivos excepcionais estamos adicionando a este livrinho, a história das origens da Umbanda do Brasil...

Não o fizemos antes, talvez até por "bloqueio" do próprio astral, mas agora cremos que isto se fez necessário, a fim de restaurar ou complementar os caminhos corretos desta sua história.

É certo que já tínhamos tomado a decisão de escrever outro livro, intitulado *"Fundamentos da Umbanda do Brasil"* (e já estava na metade desta obra) quando, numa análise um tanto ou quanto mais fria, chegamos à conclusão de que seria de certa forma inadequado à mentalidade e às necessidades do meio umbandista desta atualidade.

Teríamos que desdobrar estes ditos Fundamentos (como chegamos a fazer), em face de tudo que já tínhamos escrito em outras obras, em conceitos e elucidações muito mais profundas: enfim, teríamos que ampliar o que já está mais do que provado nelas.

Isso iria fugir ao objetivo principal da obra, para cingir-se ao entendimento de um certo número de iniciados de elevada cultura esotérica (nos perdoem a franqueza, que não é vaidade).

Teríamos até que desvelar ângulos metafísicos da "Ciência do Verbo", da Coroa da Palavra, nos seus aspectos vibratórios, sonométricos, cronométricos etc., nas suas equivalências, pela Alta Magia.

Os que iriam entender e se beneficiar de tais segredos, seriam poucos; então fomos aconselhados por nosso Pai-Preto a deixá-los para a iniciação, ou seja, para os ensinamentos de ordem interna da Umbanda.

Assim, leitor, você ficará sabendo da história da Umbanda e depois passará à parte doutrinária deste livrinho e lhe chamamos a atenção especial para outro acréscimo que fizemos e que encontrará no meio dele, sobre Elementos de Magia Sexual. Isso também é uma parte importantíssima para você, se é que você e médium mesmo e quer manter ou conhecer certas facetas do aura de sua parceira (ou parceiro) para achar um possível equilíbrio que eventualmente não esteja encontrando.

No mais, obrigado, e vamos para as origens da Umbanda...

NOTA ESPECIAL

    Somente em agosto de 1978, a segunda edição desta obra pronta, na gráfica, conseguimos um raro exemplar do "livrinho" que PRIMEIRO falou e descreveu sobre a Umbanda do Brasil. E foi do mesmo Leal de Souza, com o mesmo título (vide págs. 16,17,18 e 24), de sua entrevista citada adiante — "Espiritismo, Magia e as Sete Linhas de Umbanda" —, editado em 1933, com 118 págs., nas antigas oficinas gráficas do Liceu de Artes e Ofícios, na Av. Rio Branco, 174, Rio. Esse "livrinho" de Leal de Souza é uma Coletânea de Artigos, desde "O Mundo Espírita" (de 1925) até o "Diário de Notícias", de 1932. Com isso estamos restabelecendo a verdadeira história da Umbanda do Brasil... Foi ainda esse mesmo Leal de Souza quem PRIMEIRO formulou um conceito obre Linhas de Umbanda (desde 1925). Reconheçamos que a Umbanda popular está "grávida" há 53 anos de 7 filhas gêmeas. Numa gestação aflitiva... Um parto que os "doutores do Santé" ainda não conseguiram fazer.

    Como essa questão do Caboclo das Sete Encruzilhadas — através de seu médium Zélio de Moraes — foi muito pesquisada e citada em artigos e livros, quase tudo seguindo as mesmas linhas de esclarecimentos (inclusive nós, em grande parte), achamos por bem registrar que realmente quem, também, primeiro escreveu sobre essa Entidade foi Leal de Souza. Também achamos por bem transcrever a verdadeira versão do por que do nome Caboclo das Sete Encruzilhadas, feito pela revelação dessa Entidade Espiritual, ao próprio Leal de Souza, que assim diz na pág. 77, ob. cit.: "O Caboclo das Sete Encruzilhadas pertence à falange de Ogum, e, sob a irradiação da Virgem Maria, desempenha uma missão ordenada por Jesus. O seu ponto emblemático representa uma flecha atravessando seu coração, de baixo para cima; — a flecha significa a direção, o coração sentimento, e o conjunto — orientação dos sentimentos para o alto, para Deus".

    Estava esse Espírito no Espaço, no ponto de interseção de Sete Caminhos, chorando sem saber o rumo que tomar, quando lhe apareceu na sua inefável doçura, Jesus, e mostrou-lhe, numa região da Terra, as tragédias da dor e os dramas da paixão humana, indicou-lhe o caminho a seguir, como missionário do consolo e da redenção. E em lembrança desse incomparável minuto de sua eternidade, e para se colocar ao nível dos trabalhadores mais humildes, o mensageiro do Cristo tirou o seu nome do número dos caminhos que o desorientavam, e ficou sendo o Caboclo das Sete Encruzilhadas.

1ª PARTE

O TERMO UMBANDA E SEUS VALORES PELO LADO AFRICANO

É um fato que os Cultos Afros, ou melhor, que os rituais de nação que os primitivos escravos negros fizeram ressurgir no Brasil "a grosso modo", isto é, como souberam e puderam (em face das condições em que vieram e que encontraram e mesmo porque jamais conseguiram importar sacerdócio organizado), sempre mereceram a observação e o estudo de muitos pesquisadores.

Porém, nenhum desses pesquisadores, antropólogos, etnólogos etc. revelaram em suas obras serem Iniciados e nem tampouco deixaram entrever cultura esotérica, o que foi de se lamentar, pois talvez tivesse penetrado mais a fundo nos conceitos místicos e religiosos espalhados nesses rituais de nações afros que foram crescendo e se firmando até se transformarem nos famosos Candomblés. Todos esses pesquisadores — repetimos — se pautaram apenas na observação externa daquilo que foram vendo, ouvindo e perguntando ou seja, na observação da exteriorização mística e anímica de suas vivências religiosas e mágicas, através de ritos primitivos, fetichistas e deturpados de suas origens.

Isso aconteceu desde Nina Rodrigues ("Os Africanos no Brasil" — 1894 e "L'Animisme Fetichiste des Nègres de Bahia" — 1900); João do Rio ("As Religiões no Rio" — 1904); Manoel Quirino ("A Raça Africana e seus Costumes na Bahia" — 1917); Donald Pierson ("Brancos e Negros na Bahia" — 1935); Roger Bastide ("Imagens do Nordeste Místico" — 1945); e outros mais que ainda vamos citar.

Vale ressaltar a bem da verdade e do valor de suas obras que, mesmo não sendo iniciados e nem tendo cultura esotérica, fizeram um excelente trabalho de pesquisa, pois todos registraram os conceitos místicos e os termos sagrados com seus significados que encontraram de vivência atuante.

Então, seria um incrível e absurdo lapso não terem captado e registrado a palavra que denominasse um sistema religioso e ritualístico em qualquer um desses rituais de nação ou Cultos. Não o fizeram porque não encontraram mesmo. E foi por isso que nenhum desses antigos pesquisadores registrou o termo UMBANDA e nem mesmo o de Quimbanda ou Kimbanda.

Voltemos a João do Rio: — esse pesquisador que se dedicou ao estudo dos cultos de nação e da mística religiosa dos negros de origem Banto (Congo-Angola etc.) nessas áreas em que mais foram localizados, quais sejam as da antiga capital do Rio de Janeiro (antiga Guanabara) e no antigo Estado do Rio de Janeiro (zona de Niterói etc.), não encontrou entre eles esses termos Umbanda e Quimbanda significando coisa alguma. E notem: — esses ritos e essas místicas, naquelas épocas, deviam estar mais puros, isto é, menos mesclados ou influenciados. Digamos assim: — com o seu primitivismo mais vivo em suas lembranças...

Todavia, muitos anos depois (de 1904), uns 30 ou 32 anos, dois ilustres estudiosos dos costumes dos negros no Brasil, o Prof. Arthur Ramos, desviando-se um pouco para os terreiros de macumbas cariocas, na sua obra "O Negro Brasileiro" — 1943, diz por ali ter encontrado os termos Umbanda e Embanda do mesmo radical mbanda, de significações mais ampliadas. Diz ele: "Umbanda pode ser feiticeiro ou sacerdote", e logo a seguir o Prof. Edison Carneiro (em "Religiões Negras" — 1936), diz também ter registrado num cântico de um Candomblé de Caboclo os mesmos termos Umbanda e Embanda.

Claro! Nessas alturas, em inúmeros terreiros essa palavra mágica já tinha surgido ou já tinha sido lançada (questão que abordaremos em suas razões na parte que trata do lado brasileiro).

Ainda dentro dessa linha de pesquisa (lado afro) vamos encontrar a existência do termo Umbanda ou a sua eventual vivência, lá na zona de Angola, porém, somente nas páginas de dois livros, um do ano de 1894 e outro de 1934. Isso nos levou a dúvidas, lacunas e vazios, incompreensíveis... Senão, vejamos.

Em 1894, Hely Chatelain escreveu um livro em inglês, intitulado "Folk Tales of Angola" ("Narrativas do povo de Angola"), onde, na pág. 268, consta a palavra Umbanda como Força, Expressão e Regra de altos valores. E notem: — até esse citado ano foi o único que conseguiu descobrir esse termo e o fez assim: — "Umbanda is derived from Ki-mbanda, by prefix U, as u-ngana is from ngana. A) Umbanda is: the faculty, science, art, office, business — a) of healing by means of natural medicine (charms); b) of divining the unknow by consulting the shades of deseased, of the genii, demons, who are espirits neither human for divine; c) of inducing the human and not human spirits to influence men and nature for human weal of woe. B) The force at works in healing, divining, and in the influence of spirits. C) The objects (charms) which are supposed to establish and determine the connection between the spirits and the physical world".

Traduzindo: — "Umbanda deriva-se de Ki-mbanda pela aposição do prefixo "U", como u-ngana vem de ngana. A) Umbanda é a faculdade, ciência, arte, profissão, ofício de: a) curar por meio de medicina natural (plantas, raízes, folhas, frutos) ou da medicina sobrenatural (sortilégios, encantamentos); b) adivinhando o desconhecido, pela consulta à alma dos mortos ou aos gênios ou demônios, que são espíritos, nem humanos nem divinos; c) induzindo esses espíritos, humanos ou não, a influir sobre os homens e sobre a natureza, de maneira benéfica ou maléfica B) As Forças, agindo na cura, adivinhação e na influência dos espíritos. C) Finalmente Umbanda é o conjunto de sortilégios que estabelecem e determinam a ligação entre espíritos e o mundo físico".

Nessa altura teremos que analisar os citados vazios e lacunas incompreensíveis. Conforme o próprio título do livro de H. Chatelain revela, "Narrativas, Lendas ou Mitos do Povo de Angola", é surpreendente tal definição; ele não aponta nenhuma fonte sagrada ou religiosa que a tivesse dado ou induzido a tal; mas o fato é que ele conseguiu definir Umbanda assim, e, das três, uma: — ou ele foi inspirado (do que duvidamos), ou obteve essa informação de alguma fonte secreta (o que não é improvável, dado a que povos de raça negra, de acentuado tradicionalismo religioso e místico, tivessem conservado a lembrança do significado desse termo Umbanda, desde quando, há milênios, foram se desviando ou imigrando de seu berço — a Ásia, isto é, de certas regiões desse Continente, para o solo africano, devido às guerras e injunções políticas. Lá teriam aprendido a Ciência Esotérica ou a Cabala dos Patriarcas (de que falaremos adiante), e mesmo ainda, a teriam aprendido de RAMA, desde quando ele conquistou várias regiões da África, implantando sua doutrina), ou a colheu mesmo, entre os Akpalô. Os Akpalô são contistas, ou *"conteurs"* de histórias, que formam uma espécie de casta, e transmitem oralmente, auxiliados pelo prodígio de sua memória, os fatos que mais interessam às massas. As antigas tradições iniciáticas contam que era essa forma pela qual eram transmitidas as noções esotéricas de casta para casta.

Agora entremos com nossas induções e deduções, para tirarmos de vez a mania daqueles que pretendem ligar diretamente esta Umbanda do Brasil a uma pseudo-Umbanda africana ou angolense.

De 1894 a nossos dias (1978), nenhum Culto, Seita ou Ritual foi conhecido ou praticado ou que ainda se pratique com a denominação de Umbanda, naquelas terras de Angola, Moçambique, Catembe e Magude, essas duas últimas, consideradas como a Meca do curandeirismo africano. Nesse período não se identificou nenhum sistema religioso ou mágico a que dessem o nome de Umbanda, nem mesmo no sentido mais simples de arte de curar ou de curandeirismo e muito menos ainda no sentido amplo, eclético, com os valores que H. Chatelain descobriu...

Assim afirmamos, devido a vários estudos e pesquisas intensas de pessoas amigas, processadas nessas áreas africanas citadas durante anos e que tudo esmiuçaram, somente encontrando o termo Umbanda, justamente naquelas mesmas páginas 268 de "Folk Tales of Angola" e 107 da "Gramática Quibundo" de José L. Quintão — 1934, que diz ali, simplesmente — Umbanda, arte de curar, de Kimbanda, Curandeiro. Evidente que apenas copiou, ou melhor, extraiu assim do outro.

Até agora ressaltamos fatores de 1894 para cá. Agora vamos levar o leitor para trás, muito para o passado. Em 1643 já existia um Catecismo Quibundo, de Frei Antônio do Couto, da Companhia de Jesus, já traduzido de outro Catecismo póstumo de um outro Frei Francisco Pacônio. Esse Catecismo foi impresso por Domingos Rosa (Lisboa) e reeditado ainda em 1661 e depois em1784, e no qual, apesar de ser um catecismo, registrando termos religiosos relativos ao sobrenatural, não se encontrava a palavra Umbanda e nem Kimbanda.

Já em 1859, surgiu um trabalho mais amplo, mais completo, também escudado naquele, do Frei Bernardo Maria de Cannecattin, intitulado "Coleções de Observações Gramaticais sobre a Língua Bundu ou Congolense", contendo também um "Dicionário abreviado da Língua Conguesa", com centenas de vocábulos e dezenas de frases, com 174 páginas, onde constam palavras de valor religioso e sobrenatural, assim como: — Alma em Congolense é MU-BUNDU; Alma em Quibundu ou Bundu e MUÉNHÚ (pág. 120); Encarnação em congolense é LUEMITA e Encarnação em língua Bundu é OCUIMITA (pág. 130); na língua conguense ou conguesa sangue é MENGA (pág. 145); Ofender a Deus na língua conguesa se diz SUMUCA — ZAMBI e na língua Bundu se diz CALEBULA — ZAMBI; o Sacerdote na língua Bundu se diz N'GANGA (págs. 4 e 8); o Espírito em Mundu ou Quibundu se diz NGÁCHACHÁ (pág. 8); e finalmente para clarear mais ainda a mente do leitor, na língua Bundu, o termo QUIMBANDA (pág. 103) significa apenas o impotente e IBANDA significa os impotentes, e na pág. 120 vê-se que na língua conguesa BANDA significa apenas BARRETE e, em Bundu, barrete é N'BANDA. Não conseguimos enxergar o termo Umbanda e nem Ubanda nessa antiquíssima obra[1].

Veja, portanto, o irmão leitor umbandista, por que dissemos que há dúvidas e lacunas. Quando se estuda ou interpreta o linguajar, o dialeto ou a língua de um povo ou tribo etc., evidente que os termos que mais interessam de imediato são os de sua cultura religiosa.

Se interpretaram e traduziram os nomes de Deus, Alma, Espírito etc., como poderiam deixar escapar um termo tão forte, qual seria o que representasse o seu sistema religioso e, no caso, o termo Umbanda — tal e qual representou 251 anos depois H. Chatelain? Isso justamente quando a cultura de um povo está mais pura, mais viva em suas lembranças e tradições. Absurdo um lapso dessa natureza. Um simples exemplo: ZAMBI, que há milênios significa o mesmo DEUS entre esses povos ou tribos, foi logo registrado.

Agora, tudo o mais que possa ter surgido na literatura em revistas, livros, discos etc., em terras de África ou mesmo em outros lugares, é moderno, foi encaixe, ou seja por motivação do intercâmbio Brasil — Portugal e antigas Colônias, dado a força e o prestígio na vivência popular brasileira da UMBANDA, de uns 50 anos para cá...

Já em 1957, tivemos correspondência com pessoas de Angola, Moçambique e Lourenço Marques, que já conheciam as obras de João de

---

[1] O escritor Cavalcanti Bandeira, um ardoroso defensor e pesquisador de Umbanda africana, no seu afã de prová-la, confundiu-se todo, pois crê ter detectado nessa mesma obra que pesquisamos (Frei Cannecattin) a palavra Ubanda significando Barrete. Cremos que ele teve uma "visão semântica." trocando o N de nbanda pelo U. *Vide* sua obra de 1961, "UMBANDA — Evolução — Histórico — Religiosa", pág. 38 e a outra sua, "O que é a UMBANDA", pág. 30. Nessa ele foi além, grafando Umbanda como significando Barrete. Quem quiser comprovar o que estamos esclarecendo aqui, é só ir à Biblioteca Nacional.

Freitas, Lourenço Braga, ambas de 1939, e a nossa de 1956, "Umbanda de todos nós", que queriam saber mais sobre essa Corrente poderosa chamada Umbanda, no Brasil...

Porém, todo o exposto não invalida de forma alguma o que já havíamos dito, há 21 anos, na obra acima citada, pág. 32: "Esse termo UMBANDA perdeu o seu significado real nas chamadas línguas mortas, desde o citado Cisma de Irshu, quando tudo foi ocultado. Somente as raças africanas por intermédio de seus Sacerdotes Iniciados, como dominadores que o foram da raça branca, guardaram mais ou menos sua origem e valor. Porém com o transcorrer dos séculos, foram dominados, também, e seus ancestrais que guardavam a chave-mestra desse vocábulo Trino desapareceram, deixando uma parte velada e outra alterada, para seus descendentes que, em maioria, só aferiam o sentido mitológico perdido no fetichismo o pouco que lhes for alegado".

E para fecharmos esta parte que tratou da pesquisa pelo lado afro, perguntamos ao leitor o seguinte: Quem ressuscitou no Brasil o termo Umbanda. Sabe? Não? Pois vamos lhe adiantar desde já — foi a corrente Ameríndia nossa, nos terreiros, através das Entidades ditas como Caboclos. Por quê? Vejamos na parte seguinte.

O TERMO UMBANDA E SEUS VALORES PELO LADO BRASILEIRO

É lamentável, mas temos de admitir que, apesar de a Umbanda já ter atingido, nestes últimos anos, proporções colossais em seu movimento de expansão e penetração em todas as camadas sociais, ainda não deixou de ser um belo GIGANTE desmembrado, subdividido em sua maioria.

A falência quase que geral de uma crença firme nas religiões seculares, dogmáticas e bitoladas por regras de suas cúpulas e que não vinham respondendo aos anseios dos que têm fome de saber, e nem dos que se sentem fustigados pelo desespero e por males diversos, levou o povo de todas as classes a procurar nos terreiros, o tipo de socorro que não achou nelas. Compreenda-se... Os tempos são outros. A competição tornou-se duríssima, apelando para "armas" diversas... Os males cresceram mais ainda e foram se mascarando de formas diversas.

Em consequência os terreiros foram se multiplicando e os crentes, adeptos e simpatizantes foram atingindo a casa dos milhões e seria, como ainda é, tarefa impossível, no momento, frenar e conduzir todos esses núcleos a um centro direcional, duma base religiosa, de vez que surgiram por ações espontâneas e independentes...

Nesta atualidade a Umbanda do Brasil conta com cerca de 150 mil Terreiros e estima-se com segurança em quase 30 milhões o número de seus adeptos.

Este colosso Umbandista, ou tudo que se enfeixa nele, como cultos afro-brasileiros, revela seu potencial místico, religioso e ritualístico num panorama ciclópico, nas praias, nas cachoeiras, nas matas e nos festejos ditos de Cosme e Damião etc., quando seus Terreiros saem para festejá-los nos dias que lhes são consagrados...

Conta ainda com dezenas de Confederações, Uniões, Federações, Ligas, Alianças, Cruzadas etc., e tem um Órgão de Cúpula Maior, dito como Conselho Nacional Deliberativo da Umbanda (C.O.N.D.U.), assim reconhecido porque já associa 34 Federações. Além disso, tem vários Programas de Rádio, Revistas e Jornais por todo o Brasil.

Esse Órgão de Cúpula — o C.O.N.D.U. — vem mantendo um enorme trabalho, no intuito de unificar cada vez mais essas Federações, a fim de assumirem diretrizes que possam beneficiar o meio umbandista e, particularmente, a sua retaguarda que é maioria.

Claro que existe essa retaguarda, cheia de animismo, de crenças, crendices e superstições, calcadas nas fantasias do mito ou lendas... claro também que já existe uma vanguarda evoluída, que estuda, pesquisa e tenta, por todos os meios, conceituar o verdadeiro lado desta Umbanda de todos nós...

Essa VANGUARDA é o resultado dos frutos ou das sementes lançadas por selecionados PIONEIROS de luz do Astral, quando se fez imperiosa essa atitude em face de um estado caótico nos chamados meios dos cultos afro-brasileiros...

Aconteceu, inegavelmente, dentro desse meio, uma tomada de posse da Corrente Ameríndia (nossa) como guardiã que é, do campo astral do Brasil, através de várias Entidades ditas como Caboclos, secundados pelos chamados de "Pretos-Velhos", também radicados nesse citado campo astral.

Esse acontecimento já foi ressaltado por nós várias vezes e voltamos a lembrar porque foi um fato inconteste. Veja o leitor suas razões, também em "Lições de Umbanda (e quimbanda) na palavra de um preto-velho"; em "Umbanda do Brasil" e em "Umbanda de todos nós" etc...

Essa tomada de posse dos Caboclos fixou como eixo desse novo movimento o termo UMBANDA, em redor do qual tudo começou a girar... e a crescer.

A palavra Umbanda como Bandeira não surgiu absolutamente de dentro de nenhum grupamento de nação africana e nem nos rituais dos negros de origem Banto (congoleses, angolanos etc.) que linguajavam o Bundu ou o Quibundu, dos que praticavam nos arredores do antigo Rio de Janeiro, até os anos de 1900 e 1904. João do Rio (já citado) não registrou entre eles coisa alguma com os nomes de Umbanda e Quimbanda...

Nem tampouco existiu nada, entre as mais antigas babás de Candomblés ou daqueles tipos de mistura de rituais afros com pajelança, identificados como Tambor de Mina, Casa de Batuque, Xangôs do Nordeste, Catimbós etc., onde se empregasse a palavra Umbanda significando coisa alguma. Nunca existiram também 600 Tendas de Umbanda, antes do

Umbanda e o Poder da Mediunidade 29

advento do Caboclo das Sete Encruzilhadas, como pretendem "provar" modernos pesquisadores afeiçoados ao africanismo. Terreiros disso ou daquilo, é claro, já existiam, mas não de Umbanda, essa é a verdade...

Agora, a certa altura do crescimento de tantos terreiros exclusivamente nessas áreas da atual Cidade do Rio de Janeiro e Niterói, por dentro de vários grupamentos ou terreiros, mais melhorados, foi que o termo Umbanda foi ressuscitado, isto é, infiltrado, revelado.

Isso é o que pretendemos provar, segundo nossa honestíssima pesquisa, sem sectarismos mesquinhos, a fim de manter a autenticidade histórica dos fatores e dos valores dessa Umbanda de fato e de direito...

Sempre tivemos uma tendência irrefreável, desde muito jovem, 16, 17 anos deidade, que nos impulsionava a ver as chamadas de "macumbas cariocas". Claro que não estávamos ainda conscientizado do porquê de semelhantes impulsos (se bem que, desde os 9 anos de idade éramos acometido por fenômenos de ordem espírito-mediúnico e aos 16 anos já acontecia a manifestação espontânea de nosso "preto-velho", que baixava num quarto onde morávamos, na Rua do Costa, 75, uma rua lateral esquerda da Light do Rio de Janeiro, e que era uma espécie de casarão enorme, tipo república na época).

Em 1934 tivemos contatos com um médium de nome Olímpio de Melo (oriundo de Magé, um mulato alto, magro) que praticava "a linha de Santo de Umbanda" há mais de 30 anos (portanto, desde 1904, mais ou menos) e que trabalhava com o Caboclo dito como Ogum de Lei, com um "preto-velho", de nome Pai Fabrício e com um Exú de nome Rompe-Mato.

Em 1935 conhecemos também o velho Nicanor (com 61 anos de idade) num subúrbio da Linha Auxiliar denominado Costa Barros, que sempre afirmava orgulhosamente que, desde os 16 anos, já recebia o Caboclo Cobra-Coral e o Pai Jacob e que desde o princípio as suas sessões "eram no giradô da linha branca de Umbanda", nas demandas e na caridade (portanto desde o ano de1890, segundo suas afirmativas).

Em 1940 conhecemos um famoso "pai-de-santo" denominado Orlando Cobra-Coral (nome de sua Entidade de cabeça, um Caboclo), também num subúrbio da Linha Auxiliar, em Belfort Roxo, que dizia praticar a "Umbanda branca", já há 27 anos, portanto desde 1913. Lamentavelmente esse "pai-de-santo" suicidou-se com um tiro no peito, deixando um bilhete, onde escreveu que assim procedia, "mas não era por força de pemba"... Entendam o sentido da frase os entendidos do santé... A Revista "O Cruzeiro", por ocasião daquele evento, fez ampla reportagem a respeito. Isso em 1945.

Outras Entidades Caboclos e Pretos-Velhos surgiram quase que simultaneamente, em diversos terreiros mais afins ou limpos, através da mediunidade de uns e de outros médiuns selecionados pelo Astral Superior, como pontas-de-lança e logo começaram a falar de Umbanda...

Somente que, todos esses (e aqueles) primeiros Vanguardeiros que receberam a Tarefa ou a Missão de lançarem as primeiras sementes da Umbanda, a fim de que em dias futuros pudessem brotar, seus frutos se transformassem num Sistema, numa Lei, numa Regra, numa Religião, não foram registrados oficiosamente, ou seja, não foram destacados pelos interessados que escreviam.

Dentre todos mereceram relevo especial, desde o princípio desses acontecimentos, 9 maravilhosas Entidades, principalmente o Caboclo CURUGUÇU e o Caboclo das SETE ENCRUZILHADAS, desde 1925, pela pena de um dos mais dignos e destemidos Umbandistas de todos os tempos, de nome LEAL DE SOUZA (já falecido, é claro) e sobre o qual teceremos comentários excepcionais.

Leal de Souza, poeta, jornalista e escritor, foi o primeiro umbandista que enfrentou a crítica mordaz, ostensiva e pública, em defesa da Umbanda do Brasil, ou seja, daquele movimento inicial preparado pelo Caboclo Curuguçu e assumido pelo Caboclo das Sete Encruzilhadas, inegavelmente o primeiro marco oficial do surgimento da Umbanda, lá em Niterói...

Ele o fez numa época que era quase um crime de heresia se falar de tal assunto. Foi também o precursor de um ensaio de codificação, ou melhor, foi o primeiro que tentou definir, em diversos artigos, o que era a Umbanda ou o que viria a ser no futuro esse outro lado que já denominava de linha Branca de Umbanda.

Dissemos que lá para os idos do ano de 1925 era heresia falar de tal coisa, porque para os fanáticos religiosos e espíritas sectaristas, tudo era apenas macumbas...

Pois bem! Leal de Souza, muito antes mesmo de 1925, já dava entrevistas a jornais, a revistas, tentando explicar, das razões e da finalidade de sua "linha de Umbanda Branca". Ele registrava — sem talvez prever o valor que teria para a posteridade, e para a História dessa Umbanda, o nome da Entidade Espiritual precursora e mentora desse Movimento de Restauração ou de renovação que foi se transformando e se consolidando neste gigante que é a Umbanda da atualidade.

Essa Entidade do Astral que Leal de Souza identificou, dava o nome de caboclo CURUGUÇU (ou Curugussu na grafia alterada) e que nós afirmamos significar, no Nheengatu, o Grito do Guardião. Segundo Leal de Souza, o Caboclo Curuguçu foi quem trabalhou, preparando o advento da Entidade que veio a se identificar como o Caboclo das Sete Encruzilhadas, através do médium Zélio de Moraes.

Não podemos duvidar, nem de leve, desse registro, pois o valor, a dignidade e a sinceridade de sua fé umbandista foram postos à prova não ontem e nem hoje; foi em 1925, época duríssima, de perseguições e preconceitos acintosos contra os Centros e Terreiros, pois se ainda em 1935, no Governo Getúlio Vargas, nós assistimos a perseguições, prisões e fecha-fecha de Centros e Terreiros, até de forma violenta (todos os velhos umbandistas devem se lembrar disso).

Dissemos também que Leal de Souza foi um ensaísta de uma espécie de Codificação, pois já naquele tempo ele tentava classificar (segundo o entendimento que tinha na época) as 7 linhas da Umbanda Branca, sincretizada em Santos da Igreja Católica e ainda dissertava a sua Magia... Isso pode ser comprovado no "Mundo espírita" um jornal lá do Paraná, que o entrevistou, sob o título de "Espiritismo, Magia e as Sete Linhas da Umbanda", no ano de 1925.

Nessa entrevista ele compôs as 7 Linhas assim:

OXALÁ (Nosso Senhor do Bonfim)

OGUM (São Jorge)

EUXOCE (São Sebastião)

SHANGÔ (São Jerônimo)

NHAN-SHAN (Santa Bárbara)

YEMANJÁ (Nossa Senhora da Conceição)

AS ALMAS

O seu prestígio e o seu conhecimento eram tidos em alta conta, pois que, ainda já no primeiro Congresso Brasileiro de Espiritismo de Umbanda, realizado no ano de 1941, no Rio de Janeiro, essas mesmas Sete Linhas dele foram aprovadas.

Como veem, foi um ensaio, uma tentativa, mas foi... Mas vamos transcrever parte essencial dessa entrevista citada, de 53 anos atrás, reproduzida e reafirmada em 1952 no "Jornal de Umbanda" (Órgão da União Espírita de Umbanda) e ainda posteriormente transcrita no Noticiário "MACAIA", de outubro de 1972, Órgão Oficial do C.O.N.D.U. (Conselho Nacional Deliberativo da Umbanda), com sede provisória à Rua Sá Viana, 69, Grajaú. Eis a entrevista na íntegra:

Entrevista com LEAL DE SOUZA, publicada no "Jornal de UMBANDA" de outubro de 1952, com o título de UMBANDA — uma Religião típica do Brasil.

"Leal de Souza, poeta, escritor e jornalista e um dos mais antigos umbandistas do Brasil. Dirige a Tenda N. Senhora da Conceição, considerada por José Álvares Pessoa, uma das Tendas mestras".

Diz Leal de Souza: — "A Linha Branca de Umbanda é realmente a Religião Nacional do Brasil, pois que, através dos seus ritos, os espíritos dos ancestrais, os pais da raça, orientam e conduzem a sua descendência. O precursor da Linha Branca foi o Caboclo Curugussu, que trabalhou até o advento do CABOCLO DAS SETE ENCRUZILHADAS que a organizou, isto é, que foi incumbido, pelos guias superiores, que regem o nosso ciclo psíquico, de realizar na terra a concepção do Espaço. Esse Espírito une a intransigência à doçura. Quando se apresentou pela primeira vez, em 15 de Novembro de 1908, para iniciar a missão, mostrou-se como um velho de longa barba branca; vestia uma túnica alvejante, que tinha em letras luminosas a palavra CARIDADE. Depois, por longos anos, assumiu o aspecto de um Caboclo vigoroso, hoje é uma claridade azul no ambiente das Tendas. A sua missão é, portanto, a de preparar Espíritos encarnados e desencarnados que deverão atuar no espaço e na terra, na época futura em que ocorrerá um acontecimento da importância do advento de Jesus no mundo antigo. O CABOCLO DAS SETE ENCRUZILHADAS chama Umbanda os serviços de caridade, e demanda os trabalhos para neutralizar ou desfazer os de magia negra. A organização da Linha é um primor minucioso. Espanta a sabedoria dos Espíritos que se apresentam como caboclos e pretos-velhos e que são tanto mais humildes quanto mais elevados. Em geral, as pessoas que frequentam as sessões, não as conhecem na plenitude da sua grandeza, porque tratam do seu caso pessoal, sem tempo para outras explanações. O CABOCLO DAS SETE ENCRUZILHADAS, que é dotado de rara eloquência, quando se manifesta em público, costuma adaptar a sua linguagem à compreensão das pessoas menos cultas, consideradas como sendo as mais necessitadas de conforto espiritual. Foi esse Espírito que há vinte anos, conforme ficou apurado num inquérito policial, reproduziu o milagre do Divino Mestre, fazendo voltar à vida uma moça cuja morte fora atestada pelos médicos. PAI ANTÔNIO, o principal auxiliar do Caboclo das Sete Encruzilhadas, e que baixa pelo mesmo aparelho, ZÉLIO DE MORAES, e que eu já vi discutir medicina com os doutores. É o Espírito mais poderoso do meu conhecimento. A seguir, Leal de Souza referiu-se a outras Entidades que baixaram em Tendas de Umbanda: na Tenda São Jerônimo há, entre outros, dois Espíritos de grande poder e vasta ciência, que utilizam o mesmo aparelho, Anísio Bacinca: Pai João da Costa do Ouro e o Caboclo da Lua. Este, quando saiu da minha Tenda para fundar a de Xangô, estava ditando a um oficial do Exército um livro sobre o 'Império dos Incas'". "O chefe do Terreiro da Tenda de Oxalá é Pai Serafim e seus trabalhos têm produzido milagres; baixa por Paulo Lavoir, médium como não há muitos. Pai Elias, baixa pelo doutor Maurício Marques Lisboa, presidente da Tenda Filhos de Santa Bárbara. É velhíssimo e sapientíssimo. Segundo outros guias, esse Espírito, numa de suas encarnações, foi Sumo Sacerdote da Babilônia e depois Papa, em Roma, para chegar como Preto-Velho no terreiro de Umbanda. Nota-se que Pai Elias foi Sumo Sacerdote, mas o seu aparelho não é Sumo Sacerdote de Umbanda. O indivíduo que se envaidece desse título seria um doente de vaidade e morreria de ridículo... Catumbé, da Tenda São Miguel, baixa por Luiz Pires: é filósofo e alquimista. Pai Vicente, que baixa pela Sra. Corina da Silva, presidente da Tenda de Pedro, na Ilha do Governador, é um espírito de um saber profundo, que abrange a literatura, a filosofia de todos os tempos. Os seus trabalhos produzem efeitos miraculosos. Citei apenas alguns Espíritos de meu conhecimento, pois, como esses, os há em todas as Tendas. Não esqueçamos que o labor desses Espíritos tem duas finalidades: atrair a criatura e ensiná-la a amar e a servir ao próximo. Com a sua manifestação, pelo corpo dos médiuns, provam a imortalidade da alma e os benefícios que fazem, servem para elevar o beneficiário, pela meditação ao culto e ao amor a Deus e, portanto, a prática de suas leis".

E ainda: — *Leal de Souza foi participante ativo e entusiasta, durante 10 anos, do Centro do Caboclo das Sete Encruzilhadas e amigo de seu médium, lá em Niterói, no bairro das Neves, dali somente se afastando, por ordem e em boa paz, por ter sido designado por essa Entidade, de fundar outro Templo, o qual tomou o nome de Tenda Nossa Senhora da Conceição.*

Portanto, Leal de Souza estava bem a cavaleiro e por dentro da Missão dessa magnífica Entidade Espiritual.

Leal de Souza jamais poderia ter inventado o Caboclo Curuguçu e muito menos falseado a verdade dos fatos, de vez que, principalmente, era um fervoroso do Caboclo das Sete Encruzilhadas. Ele só não se lembrou de deixar os detalhes por escrito, de como, por onde e através de quem esse Caboclo Curuguçu trabalhou preparando a descida das Sete Encruzilhadas...

Diante do exposto e da leitura de sua entrevista, ficou bem clara essa "entrevista-arquivo" de Leal de Souza. Antes dele ninguém havia dito nada sobre a Linha Branca de Umbanda etc., etc., etc... Todavia, existem certos setores umbandistas que pretendem dar particularidades especiais na história ou nas origens da Umbanda do Brasil, doutrinando que: — quem levantou o termo Umbanda pela primeira vez e "codificou" a dita Umbanda foi o Caboclo das Sete Encruzilhadas...

Sem pretendermos desmerecer o brilho do maravilhoso trabalho dessa Entidade, pois um dos principais Vanguardeiros incumbido de lançar as sementes e as primeiras diretrizes do que viria a ser Umbanda de fato e de direito, não achamos justo esquecer aqueles outros humildes e semianônimos pioneiros, que também contribuíram, alhures, sem registro, para firmar as raízes dessa mesma Umbanda.

Mas, pelas linhas do direito, vamos contar como se deu o advento do Caboclo Sete Encruzilhadas *versus* Zélio de Moraes...

> "Zélio Fernandino de Moraes, nascido no ano de 1891 (falecido em 4 de outubro de 1975), era fluminense e morava no bairro das Neves, em Niterói, na Rua Floriano Peixoto, 30, junto com sua família, quando foi escolhido pelo Astral Superior para servir de veículo (médium) a uma certa Entidade Espiritual, que iria usá-lo durante muito, dentro de determinada Missão... Esse médium foi muito bem selecionado para tal finalidade, de vez que, durante todos os anos que exerceu sua mediunidade, foi de conduta exemplar."

Zélio de Moraes tinha apenas 17 anos de idade, quando começou a padecer de um estranho mal-estar físico e psíquico sem que os médicos da época pudessem defini-lo e curá-lo. A coisa vinha assim durante muito tempo, quando, de repente, sentiu-se completamente curado. Familiares estranharam e alguém sugeriu levá-lo a sessão da Federação Espírita, de

Niterói, que, naquela época, era dirigida por José de Souza. Tinha Zélio precisamente 17 anos de idade.

E naquela mesma noite do dia 15 de novembro de 1908, Zélio compareceu e foi chamado para sentar-se à mesa. Logo após a abertura dos trabalhos, aconteceu uma súbita e surpreendente manifestação de espíritos que se identificavam como índios ou caboclos (na Umbanda o termo caboclo é genérico: serve para qualificar todo e qualquer espírito que se apresente na roupagem fluídica de um índio) e de pretos-velhos escravos (que foram, é claro). O diretor da sessão achou aquilo tudo um absurdo e advertiu-os com certa aspereza para se retirarem. Estava caracterizado o racismo espirítico desde aquele instante até hoje...

Naquele instante dos acontecimentos, o jovem Zélio sentiu-se tomado e através dele um espírito falou: "por que repeliam a presença dos citados espíritos, se nem sequer se dignaram a ouvir suas mensagens?" Seria por causa de suas origens sociais e da cor? A essa admoestação da Entidade que estava com o médium Zélio, deu-se uma grande confusão, todos querendo se explicar, debaixo de acalorados debates doutrinários, porém, a Entidade revoltada mantinha-se firme em seus pontos de vista. Nisso, um vidente pediu que a Entidade se identificasse, já que fora notado que ela irradiava uma luz positiva.

Ainda mediunizado, o médium Zélio respondeu — "se querem um nome, que seja este: — sou o Caboclo das Sete Encruzilhadas porque, para mim, não haverá caminhos fechados".

E, ainda, usando o médium, anunciou o tipo de Missão que trazia do Astral: fixar as bases de um Culto, no qual todos os espíritos de índios e pretos-velhos poderiam executar as determinações do plano espiritual, e que no dia seguinte (precisamente no dia 16 de novembro de 1908) desceria na residência do citado médium, às 20 horas, e fundaria um Templo, onde haveria igualdade para todos encarnados e desencarnados. E ainda foi guardada a seguinte frase, que a Entidade pronunciou no final: "levarei daqui uma semente e vou plantá-la nas Neves onde ela se transformará em árvore frondosa" (ainda se comenta até hoje se o termo Neves que empregou, o foi em sentido figurado, ou se era mesmo no bairro em que o jovem e família moravam).

Nesse dia marcado, na residência de Zélio de Moraes, a Entidade desceu. Lá estavam muitos dirigentes daquela Federação e outras pessoas interessadas que vieram a saber do acontecimento. Inúmeras pessoas doentes ou disturbadas tomaram passes e muitas se disseram curadas. No final dessa reunião o Caboclo das Sete Encruzilhadas ditou certas normas para a sequência dos trabalhos, inclusive: — atendimento absolutamente gratuito; roupagem branca, simples, sem atabaques sem palmas ritmadas e os cânticos seriam baixos, harmoniosos.

A esse novo tipo de Culto que se formava nessa noite, a entidade deu o nome de UMBANDA, que seria "a manifestação do espírito para a caridade". Posteriormente reafirmou a Leal de Souza que "Umbanda era uma linha de demanda para a caridade". Também nesse dia 16 foi fundada uma Tenda como nome de Tenda Espírita Nossa Senhora da Piedade, porque, segundo as palavras dessa Entidade: — "Assim como Maria acolhe em seus braços o Filho, a Tenda acolheria os que a ela recorressem, nas horas de aflição".

Segundo testemunhas idôneas, ainda nessa mesma noite, baixou um preto-velho auxiliar, de nome PAI ANTÔNIO, um portento de sabedoria e de força espiritual.

Daí em diante as sessões seguiram nas normas estabelecidas, apenas com algumas praxes doutrinárias do Espiritismo de Kardec, por força da época e das circunstâncias, as quais foram, depois, sendo adaptadas à realidade da Umbanda. Assim em 1913, o médium Zélio de Moraes recebeu mais um reforço excepcional com a presença de uma Entidade que se fez chamar de ORIXÁ MALÉ, um Caboclo, que tinha a Ordem e os Direitos de Trabalho para acura dos obsedados e para os desmanchos de Magia-Negra.

Transcorridos os anos, entre 1917 e 1918, o Caboclo das Sete Encruzilhadas recebeu ordens e assumiu o comando para a fundação de mais SETE Tendas, que seriam uma espécie de Núcleos centrais, de onde se propagaria a Umbanda para todos os lados.

Oportunamente, numa sessão de desenvolvimento e estudos, o Caboclo das Sete Encruzilhadas escolheu sete médiuns para fundarem os novos Templos, que assim ficaram constituídos:

Tenda Nossa Senhora da Guia, com **Durval de Souza**, *que veio a se fixar na Rua Camerino, 59, Centro, Rio.*

Tenda Nossa Senhora da Conceição, com **Leal de Souza**, *da qual não conseguimos o endereço antigo e certo.*

Tenda Santa Bárbara, com **João Aguiar**, de quem não conseguimos o antigo endereço.

Tenda São Pedro, com **José Meireles**, que veio a se fixar num sobrado da Praça 15 de novembro.

Tenda de Oxalá, com **Paulo Lavois**, que veio a se fixar na atual Av. Presidente Vargas, 2.567, Rio.

Tenda São Jorge, com **João Severino Ramos**, que veio a se fixar na Rua Dom Gerardo, 45, Rio.

Tenda São Jerônimo, com **José Álvares Pessoa**, que veio a se fixar na Rua Visconde de Itaboraí, 8, Rio.

Com o decorrer dos anos, as Tendas começaram a surgir até nos Estados, e assim é que em São Paulo já se contavam 42 unidades, sendo 23 na Capital e 19 em Santos. Já em 1937, as Tendas fundadas pelo Caboclo das Sete Encruzilhadas, na pessoa de Zélio de Moraes, se reuniram e fundaram a FEDERAÇÃO ESPÍRITA DE UMBANDA DO BRASIL, e anos depois passou ase denominar União Espiritista de Umbanda do Brasil, atualmente com sede na Rua Santo Agostinho, 52, em Todos os Santos. Já em 1947, surgiu o "JORNAL DE UMBANDA", dessa União, que até os anos de 1956 existia, porque chegamos a colaborar nele. Atualmente não sabemos.

Todos esses dados que estamos dando sobre o caso Sete Encruzilhadas foram pesquisados em diversas fontes e ainda de relatos que temos na lembrança, do que nos contava o falecido irmão e grande amigo nosso, Cap. José Álvares Pessoa, da Tenda São Jerônimo já referida acima, pois foi um dos maiores incentivadores de nossas obras...

Como frisamos antes, Zélio de Moraes foi um aparelho exemplar; ele e Caboclos e conjugaram numa brilhante Missão, foram vanguardeiros ostensivos que plantaram as primeiras sementes da reação e do protesto doutrinário, contra as práticas fetichistas das matanças e dos sacrifícios a Divindades etc. Desde o princípio Zélio aprendeu e reafirmava sempre, a última vez em 1972, quando disse taxativamente: — "Cumpre acentuar que, na Umbanda implantada pelo Caboclo das Sete Encruzilhadas, não é utilizado o sacrifício de aves e de animais, nem para homenagear entidades, nem para desmanchar trabalhos de magia".

Nestas alturas não poderíamos também de deixar de destacar na História da Umbanda o valor de um dos seus grandes vultos. Ele não foi daquele tipo de Umbandista que vivia apenas nos bastidores manobrando apenas os cordéis dos interesses pessoais. Ele provava a sua fé, a sua sinceridade e o seu amor à Umbanda, quando era realmente necessário.

Estamos nos referindo àquele que foi o Deputado, o Radialista e o Escritor Attila Nunes (pai), falecido em 27 de outubro de 1968. Ele criou e manteve o Programa "Melodias de Terreiro" mais de 20 anos, até a sua morte (o programa continuou com Bambina Bucci e o filho).

A primeira coisa que nos surpreendeu na dignidade desse umbandista, foi uma entrevista que havia dado à "Revista do Rádio", lá pelos idos de 1966; na capa ele se apresentava com um livrinho nosso nas mãos, bem visível para se ler: "Lições de Umbanda na palavra de um preto-velho"...

Depois, em 1967, tivemos a oportunidade de atuar na TV RIO e na TV TUPI, no programa "SHOW SEM LIMITE" de J. Silvestre, onde tivemos que debater também o *"affaire"* Arigó X Umbanda. O caso esquentou, e ele imediatamente fez contatos conosco, para trazer, não apenas o seu apoio moral, de boca nos bastidores ou no sigilo de seu gabinete, mas sim, pondo à nossa disposição o seu Programa (que usamos) e passando, de pronto, a escrever na sua coluna "Gira de Umbanda", da "Gazeta de Notícias", vários artigos deste merosos e vibrantes, debatendo o caso Arigó e ressaltando a nossa atuação na TV e para ilustrar o leitor lembraremos rapidamente o citado caso.

As Revistas "O Cruzeiro" e "Manchete", de vez em quando, publicavam reportagens (diziam até que encomendadas) sobre os poderes da mediunidade do Arigó. Até aí, nada com a Umbanda de fato e de direito.

Porém nas fotos do Arigó, mostravam sempre do lado dele, um grande cartaz com os seguintes dizeres, bem visíveis: — "Kardecismo, sim! Umbanda e macumbas que não curam e causam doenças e loucura, não!"...

Nos programas de TV, mostramos as Revistas e desafiamos o Sr. Arigó (falecido em acidente de automóvel, anos depois) a que viesse provar, de público, tal afirmação. Claro que não veio.

E foi um Deus-nos-acuda. Foi um tal de pressões em cima do pobre Matta e Silva que só vendo. Mas, acabou mandando um enviado, um Sr. Prof. Alexandre, que embrulhou e nada também provou. A coisa ficou muito quente mesmo e... "forças ocultas" mandaram esfriar o caso, nesse programa. Então, nos retiramos.

Nessa ocasião, também contamos com o apoio direto e pessoal de um grande umbandista (que lá compareceu de corpo presente), um valioso irmão de fé, o Dr. Landi, que quase brigou de verdade com um representante do Arigó.

O Dr. Francisco Landi é um desses umbandistas sinceros que sempre se impôs pela dignidade e pelo amor à Umbanda.

Mas, com esse simples relato, o leitor talvez não alcance a repercussão que teve na ocasião, dentro do meio umbandista. Mas, o que desejamos também frisar é que a maioria dos que se diziam e ainda se dizem líderes da Umbanda, não deram um pio... ficaram de boca fechada até hoje. Ah! Esses fariseus de todos os tempos...

Por essa e por outras é que estamos destacando esses vultos umbandistas e, agora, particularmente o de Attila Nunes (pai). Ele não vacilou, nessa hora, de escrever duro e dizer o que sentia. E nós não vamos deixar de registrar o que foi a sua atuação nesse caso, em diversos artigos, não que pretendamos comisso ressuscitar elogios, não! Mas para que suas palavras possam servir de exemplo aos vacilantes e aos modernos umbandistas.

Como exemplo, eis somente um de seus artigos, de 8.10.1967, com o seguinte título:

"GIRA DE UMBANDA"

ATTILA NUNES

W. W. DA MATTA E SILVA UM MESTRE, UM AMIGO

MUITA GENTE da nossa "banda" tem se apresentado na televisão. Chefes de terreiros, presidentes de Federações, representantes de Confederações, dirigentes de organizações, grupos de médiuns paramentados com suas miçangas, suas guias etc. A presença desses irmãos nas apresentações televisionadas, nem sempre tem oferecido motivo para merecer o aplauso geral. A participação de alguns dos nossos irmãos em determinados programas, especialmente nos de entrevistas ("O Homem do Sapato Branco" e outros), tem sido, de um modo geral, um fracasso.

JÁ VI muita bobagem, muita tolice, já assisti coisas na televisão que até hoje me fazem estremecer pelo total "non sense" dos participantes. Indivíduos despreparados, cidadãos sem a mínima base de conhecimento da religião de Umbanda no seu aspecto doutrinário e científico, pessoas, enfim, sem o traquejo para o diálogo, sem o preparo mental e psicológico para o debate, sem a mínima prática para falar em público e até mesmo sem a cultura que se faz necessária para as dissertações ou para responder para os entrevistadores da TV, têm comparecido a alguns programas e as tolices que proferem, só têm contribuído para o demérito da nossa Religião.

MINHA decepção (e a de milhares de irmãos umbandistas) é total quando vejo um presidente de uma entidade federativa ou um chefe de tenda (programa "O Homem do Sapato Branco", "Caso Isaltina" etc.) gaguejar, titubear, e, finalmente, ser derrotado num debate ao qual não devia ter comparecido jamais. Sinto-me triste, fico desanimado quando vejo um babalaô com seus filhos se exibindo na televisão (ou nos campos de futebol), dançando para uma plateia de leigos, desmoralizando a Umbanda (ou o Candomblé) com a amostragem de alujás, de "incorporações", com demonstrações (na TV) dos nossos rituais, com tudo aquilo que jamais deveria ser exposto em público, isto é, fora dos nossos templos, dos nossos terreiros.

MAS não tem sido somente nos programas de entrevistas que tenho visto (e ouvido) coisas de estarrecer. A Umbanda tem sido maltratada, tem sido castigada, tem sido amesquinhada, também, nas chanchadas da senhora Dercy, nos "shows" do Chacrinha e até mesmo em alguns programas do meu prezado amigo Raul Longras. A gozação é uma constante: é "saravá" pra qui; "saravá" pra li, "saravá" pra lá, estremecimentos, rebolamentos, baforadas de charutos, "arueiras de São Benedito" etc. Anarquizam a Umbanda, zombam da nossa gente, chacoalham a nossa liturgia, satirizam os nossos hábitos, debocham dos nossos babalaôs, dos nossos médiuns, criticam as nossas normas de trabalho, achincalham as incorporações das nossas entidades, fazem, enfim, uma verdadeira bagunça com a nossa religião.

REGISTRO, ainda — com profunda tristeza — a inconsciência de alguns companheiros que, com suas exibições na TV, acarretam males terríveis à nossa Umbanda. Muito sofremos, perdemos muitas vitórias conquistadas pela nossa Umbanda ao longo destes últimos 30 anos;

têm-se diluído, vêm-se transformando em derrotas com as exposições de vaidade de certos chefes e malungos, com o exibicionismo de alguns irmãos nossos, com a mania de determinados cavalheiros (desejosos de fazerem seu cartaz a qualquer preço) de se projetarem, de se fazerem notados, de criarem uma popularidade a toque de caixa. Por tudo isso, jamais darei o meu apoio a sonhos mirabolantes, jamais concordarei com exibições na televisão e combaterei, até o último instante de minha vida, os desfiles nos palcos ou nos estádios de esportes.

NÃO SOU radical no meu ponto de vista contrário à exteriorização dos nossos rituais. Não chego ao ponto de achar que devemos nos aprisionar em nossos abassás. Reconheço que não podemos ficar adstritos exclusivamente ao recesso dos nossos terreiros. Não somos prisioneiros, não somos fanáticos, pesamos na balança do bom-senso os nossos atos, as nossas ações. Nossos bacuros, nossos trabalhadores, não vivem maniatados, não são escravos. Não impomos — em nossa religião — os rigores que são impostos aos frades, às freiras, aos pastores, aos batistas, aos budistas etc. Ao contrário, somos livres, praticamos o culto dentro de normas bastante liberais e até mesmo mais evoluídas do que as de outros cultos, de outras crenças.

SOU inteiramente favorável (e venho estimulando há 20 anos) às reuniões nas praias no dia 21 de dezembro, acho imprescindíveis as peregrinações às matas (macaias), preconizo, constantemente, a necessidade de seguirmos os nossos preceitos com rigor; devemos manter os velhos hábitos, devemos fazer as nossas obrigações; nossos assentamentos, devemos ir à cachoeira, à praia e até mesmo (quando necessário) devemos ir à Kalunga Pequena (cemitério), ao Cruzeiro das Almas, à Kalunga Grande (mar). Devemos salvar Olokum, Aloxum, Dandalunda, Insê Mabô, Yemanjá, Janaina, as Yaras etc. Devemos entregar os nossos padês, nossos ebós, nossas oferendas, nossas "mesas", nossos "barcos", em suma, devemos continuar umbandistas como foram nossos pais e nossos avós. É nosso dever mostrar a nossa convicção mantendo as nossas tradições e tudo aquilo que herdamos dos nossos antepassados.

SOU totalmente favorável ao exposto linhas acima, já que — no cumprimento sincero de nossas obrigações — não há o mínimo resquício de vaidade, não há exibição nessas atividades, nesses preceitos que fazemos fora dos nossos terreiros.

W. W. DA MATTA E SILVA, o renomado escritor umbandista, o autor de numerosas obras dentre as quais destaco o recente livro "Doutrina Secreta da Umbanda", compareceu à televisão. Sua presença no grande programa de J. Silvestre, "Show Sem Limite", marcou mais uma vitória para a nossa Umbanda.

Valorizou a nossa crença, revigorou as nossas convicções, reforçou as bases do grande templo umbandista representado por cerca de 80.000 Tendas espalhadas em todo o País.

MATTA E SILVA enfrentou as câmaras da TV Rio com dignidade, com respeito, com energia, com profundo conhecimento de causa, com o destemor dos guerreiros indômitos. Ressaltou o poder da crença umbandista. Reafirmou sua fé. Não titubeou, não gaguejou, argumentou com firmeza, com consciência, em linguagem simples e, ao mesmo tempo, erudita. Fez-se compreender pelos leigos, pelos irmãos de fé e por todos que tiveram a felicidade de vê-lo e ouvi-lo no famoso "Show Sem Limite".

ESTOU quase certo de que o insigne escritor e Tatwa W. W. DA MATTA E SILVA está de acordo com os meus pontos de vista no que tange às exibições de terreiros nos palcos ou nos estádios esportivos. O querido mestre Matta e Silva (que é rigoroso em suas apreciações sobre a prática do umbandismo) é, sem dúvida, uma das vozes mais autorizadas, é um arauto do bom-senso, e um malungo a quem devemos prestar a nossa homenagem e, sobretudo, devemos respeitá-lo, devemos respeitar (mesmo que às vezes discordemos deum ou outro ponto) a sua pregação que sabemos sincera. Nosso dever é ouvi-lo atentamente, devemos ler os seus livros com a certeza de estarmos ouvindo a voz de um mestre. Devemos nos curvar respeitosamente diante do seu talento, de sua cultura, dos seus profundos conhecimentos da Umbanda como religião, como filosofia e como ciência.

HOMENS como W. W. da Matta e Silva, João de Freitas, Henrique Landi Jr., Cavalcanti Bandeira, Pena Ribas, Mauro Rêgo Porto e João Guimarães deviam ser convocados, de vez em quando, para nos proporcionar aulas de umbandismo, para fazerem pregações de alto nível como a que ouvimos segunda-feira última na TV Rio. Os depoimentos, as considerações, as explicações que esses autênticos líderes podem nos oferecer diante das câmaras e microfones, viriam desfazer a má impressão deixada por alguns cidadãos que tanto diminuíram

Umbanda e o Poder da Mediunidade 43

> *a Umbanda quando de suas aparições no horrível programa "O Homem do Sapato Branco" e nos entreveros sobre o "affaire" Isaltina e se parceiro Sebastião Pedra d'Água (Bolha d'Água, como disse nosso Irmão Aranha).*
>
> *As grandes vozes têm que ser ouvidas. Lutemos contra a mediocridade, contra a palhaçada, contra a bisonhice, contra os vaidosos, contra os exibicionistas! Ergamos uma muralha invencível contra os destruidores da Umbanda! Utilizemos o poder dos nossos Guias, usemos nossas forças espirituais para deter a onda de insensatez que ameaça nossa Religião! Não podemos manter uma posição contemplativa diante das tolices arquitetadas pelos vaidosos, pelos fariseus, pelos "profiteurs" da ingenuidade de alguns que se aliam a tudo sem medir as consequências. Acima de tudo, a nossa gloriosa Umbanda! ACIMA DE TUDO A DIGNIDADE DA NOSSA CRENÇA, DOS NOSSOS IRMÃOS, DE TANTOS QUE DÃO TUDO DE SI PELO BEM DE TODOS!*
>
> *Parabéns!!! Attila Nunes. Afastemos os marginais da UMBANDA. Conte conosco, para o que der e vier. MANOEL ARANHA — CORONEL GAMELIELDE OLIVEIRA — FLÁVIO COSTA — HENRIQUE LANDI.*

Também, nessa história, merece destaque o segundo livro que já saiu, já em 1939, com o título de UMBANDA, do confrade João de Freitas. Essa obra foi, não resta dúvida, a segunda da literatura umbandista propriamente dita. João de Freitas fez um bom trabalho, para o início e para a época.

Depois, surgiu em 1941, de Emanuel Zespo, "Codificação da Lei de Umbanda", outro bom livrinho, como um ensaio de coordenação. Logo a seguir veio o do Prof. Lourenço Braga (um saudoso amigo, já falecido) com o título de "Trabalhos de Umbanda e Quimbanda", de 1946, e outros mais, dele. Esses livros pecaram pela base, pois deram margem a uma série de confusões e distorções incríveis, dado aos seus conceitos e interpretações. Lourenço Braga criou uma 7 Linhas de Umbanda, com Orixás e Santos, subdivididas em mais 49 sub-santos, com japoneses, mongóis, chineses etc. Levantou um conceito sobre EXÚ, de chifre e pata de bode, com tridente e tudo mais, à semelhança do Diabo da mitologia da Igreja Católica, dando margem ao enriquecimento dos santeiros fazedores de estátuas. Até hoje em dia se vê o resultado dessa literatura, nas Casas de artigos de Umbanda e Candomblés, e nas tronqueiras de incontáveis terreiros de Umbanda popular e nas macumbas. Cada estátua representa ou é um Exú...

Também em 1954 apareceu "O Evangelho da Umbanda" do Mestre Yokanan, cujo principal mérito foi afirmar que "Umbanda não é africanismo". No resto não chegou a definir nada do esotérico e do histórico da Umbanda...

Depois de João de Freitas e Emanuel Zespo, surgiu também "Antologia da Umbanda", do já citado Attila Nunes. (Essa obra deve ser lida por todo umbandista estudioso, pois Attila Nunes teve o cuidado e o desprendimento de selecionar nela tudo que achou de melhor para ilustrar o meio umbandista.) A seguir, Cavalcante Bandeira e J. Alves de Oliveira com seu "Evangelho na Umbanda" (1970). Um bom livro; uma tentativa de introduzir no meio umbandista a doutrina kardecista...

E assim foram surgindo dezenas e dezenas de escritores de Umbanda e centenas de livros. Num ou noutro, ainda se aproveita alguns conceitos, porém, na maioria, só vieram adicionar mais confusão e distorções aos menos esclarecidos. Essa é, a nosso ver, a verdade dos fatos na história da Umbanda do Brasil, que merece nosso registro...

E ainda, aproveitando o espaço para uma explicação: — falam e falam de Espiritismo de Umbanda (o que é absurdo, errado; um sistema difere do outro). Registram terreiros com denominações de Centro ou Tendas Espíritas de Umbanda e muitas vezes acrescentam o nome de um Santo Católico.

Espiritismo de Umbanda e Espírita de Umbanda, além de serem chocantes, pecam pela ignorância. Que nos perdoem a franqueza...

O termo Espírito é tão antigo quanto os mais antigos livros sagrados de todas as religiões do mundo. Portanto, é eclético. Porém, espírita e espiritismo são termos particularizados pela Corrente Kardecista. Antes de Kardec, não nos consta haver registros desses dois termos. O sufixo ismo foi empregado para dar extensão no termo espírito (espírito + ismo), para qualificar a Doutrina de Kardec, assim como o de espírita, para qualificar ao que fosse adepto ou o praticante dessa dita doutrina.

Outrossim: — quando pregamos a Umbanda Esotérica, pessoas até de certa cultura entendem que tem ligação com "O Círculo Esotérico da

Comunhão do Pensamento"... Santo Deus meu!... Vejam um Dicionário, gente... — Esotérico significa a coisa, o sistema que é interno, selecionado, verdadeiro, e exotérico, a coisa — o sistema que é externo, público, popular...

Vamos repisar: — a base esotérica ou interna da Umbanda é de caráter iniciático. Contém e revela os conhecimentos mais profundos e autênticos de seu Sistema religioso, filosófico, metafísico, mediúnico e astral-espirítico, além da aplicação correta dos ritos secretos da Magia Superior...

E a base exotérica ou externa é aquela outra parte, ligada a esse sistema decima, que se forma ou se formou, pelo produto da mística na vivência popular (diz-se assim: a Umbanda popular), através dos mitos ou das lendas, alimentadas ou traduzidas nos ritos singelos e primitivos, envolvendo crenças, crendices e superstições, tudo com tendência para as subpráticas da magia, e para o animismo e os mediunismos...

UMA ELUCIDAÇÃO EXCEPCIONAL E UMA ADVERTÊNCIA AOS NOSSOS IRMÃOS DOS CANDOMBLÉS

Irmão umbandista! Guarda bem na tua percepção, na tua conscientização espiritual, estas verdades: — Todas as grandes religiões do mundo, todas as principais correntes espiritualistas e esotéricas de todos os povos ou raças, foram derivadas, superpostas ou adaptadas, com alterações de sua fonte original religiosa (a *Religio Vera*) a que tanto se referia Santo Agostinho, ou seja: — São ramos de um tronco que deceparam de sua raiz.

Porém, todas essas derivações contêm fragmentos da grande verdade, pois que, por dentro delas, eles são identificáveis.

Todavia, essa raiz existe ainda; foi muito bem guardada. Ainda existe, escondida ou velada, em certos lugares da terra, e na palavra de altos Mentores do Astral que podem revelá-la e ensiná-la através da mediunidade de criaturas privilegiadas ou escolhidas para que ela, essa Raiz, essa Religião, essa primitiva síntese divina não se perca por completo, triturada pela ambição e pelo egoísmo das criaturas, e seja sempre lembrada quando necessário ou imperioso.

Porém, também não deve esquecer este outro lado dessa verdade: a massa, u a maioria desse povo, ainda não atingiu condições psicológicas ou culturais para assimilar os mistérios e os conceitos dessa citada síntese religio-científica; por isso, a sua fé, as suas crenças e místicas sempre foram alimentadas com os mitos, as lendas e as crendices calcadas nos ritos rústicos e singelos, sem substância, para deuses, divindades, santos, demônios etc.

Assim, não critiques, não censures a ignorância daqueles que, sendo parte do povo, praticam rituais religiosos, mágicos e espiríticos, segundo concebem e alcançam através dessa mesma ignorância...

Portanto, ajuda-os, se puderes, mas não participes dessa ignorância; sê tolerante, mas não te envolvas.

Portanto, crê, sempre existiu uma sólida e autêntica tradição esotérica, dita como a ciência dos Magos, a Sabedoria dos Patriarcas de todos os tempos, entre todas as raças ou povos do mundo, desde a mais remota antiguidade.

Essa Proto-Síntese religiosa estava anarquizada na Ásia ou no Oriente, especialmente no antigo Industão ou Bharat-Khant, que é a atual Índia, quando Rama a conquistou do domínio de povos de raça negra (a atual Índia já foi colônia desses povos) que haviam confundido e embaralhado sua antiga síntese divina, fundamentada pelo seu primeiro legislador — Bharat. Essa conquista de Rama se deu há 8.600 anos[2].

Essa dita tradição esotérica, esses antigos mistérios apagaram-se no Ocidente, entre as elites sacerdotais dos povos de raça branca, desde quando esse Rama, um grande Iniciado Celta (guardião dessa tradição que foi consolidada com o nome de Ordem Dórica), à frente de seu povo empreendeu a conquista de certas regiões da África e da Ásia, isso por volta de 6.600 anos antes de Cristo.

Tendo conquistado setores africanos, logo implantou os seus ensinamentos entre altos Sacerdotes Negros, tendo depois se dirigido à Índia e, lá, verificou também que sua antiga síntese Divina estava incompleta (a Índia, antigo Industão, era denominada também Bharat-Khan e representava essa Ciência dos Patriarcas com o Wôdha-Iswara, a Eternidade do Ser Supremo). Conquistou essa área oriental à frente de seu povo — os Árias e de um exército de povos negroides, ditos como Bosquímanos, por uns, e, por outros, e Dravídicos; ali instituiu também seus conhecimentos, respeitando o que restava, de certo nessa antiga Síntese. Dali, ainda, dirigiu-se, e fundou a atual Pérsia, no Irã, seu primeiro Templo e vários Observatórios Astronômicos. Fez o mesmo no Egito e em várias partes da Ásia.

Todos os povos do passado se regeram por essa Doutrina Primeva, por esses Mistérios desde os egípcios a gregos, os persas, os chineses da zona Oriental, os povos de Angola, Tenerife, Congo, Incas do Peru, os Astecas do México, os Guaranis e Tupis do Brasil etc...

E para fixar as provas da existência de Rama, ele mesmo deixou um "Livro Circular", espécie de Signário, com chaves secretas do Mistério

---

[2] *Vide* detalhes em "L' Archeomètre", de Saint-Yves d'Alveydre e de sua "La Théogonie des Patriarches"; no "Le Ramayana", de H. Fauché; no poema épico de Valmiki e em "Jesus e sua Doutrina", de A. Leterre.

da Vida e da Morte. Diz Saint-Yves em seu "L'Archeometré": "Há três meios para fixar a data do ciclo de Rama; a cronologia dos Brahmas, a de Arriano e um documento escrito pelo próprio Rama no céu mesmo. Daçáratha, o Kaehó destronado pelo patriarca Rama, era o quinquagésimo monarca solar desde Ikshauku, filho do sétimo Manu, filho de Vaivasuata, que foi salvo do último dilúvio. Ora, os Brahmas contam doze mil anos por Manu ou Lei Orgânica interdiluviana; eles recuam o reino de Daçáratha a vinte e um séculos, após o último cataclismo. Estes cálculos dão pouco mais de oitenta e seis séculos antes da presente data de 1884, e concordam com os do sábio historiador Leonard W. Knig, falecido, que os computava em seis ou sete mil anos antes de Jesus Cristo. Comprova também essa Verdade E. Schuré, em "Os Grandes Iniciados".

Pois bem! De 6.600 a 3.200 anos antes de Cristo, a Ordem Dórica imperou. Nessa última data deu-se o famoso Cisma de Irshu, na Índia, promovido por um príncipe desse nome, que acabou fazendo prevalecer a chamada Ordem Yônica (a Ordem Dórica ou Dória sustentava o princípio espiritualista, sendo Deus o princípio Gerente-gerador, e a Yônica impunha o princípio feminino como único, naturalista, em oposição àquela), combatendo a ferro e fogo a Ordem Dórica e suas Academias, seus Santuários, seus Templos, seus Sacerdotes, só escapando o célebre Melchisedec (que significa Rei da Milícia Celeste ou das Ciências Astronômicas).

Essa perseguição religiosa e política estava apoiada no militarismo vigente e se estendeu da Índia até o Egito e daí às terras africanas. Daí — repetimos — há cerca de 3.200 a.C., no auge desse vandalismo, Sacerdotes de Memphis ou dos Santuários de Yo ou Ísis, do Egito, copiaram do Planisfério Astrológico deixado por Rama (dito como Livro Circular) setenta e oito conjuntos de signos e figurações, chamando-os de quadros murais e destruindo ou escondendo as cópias originais desse Planisfério.

Esses 78 quadros murais precisavam de uma chave de interpretação correta baseada na letra E e na Nota Musical Dó e na cor Vermelha.

Mas, reportemo-nos novamente a Rama. Esse Patriarca firmou com as letras dos Alfabetos Sagrados e os símbolos, Signos, sinais etc... as chaves ideográficas, antológicas, morfológicas, sonométricas, as regras científicas da confecção dos nomes sagrados nesse seu Planisfério Astrológico. Esse Planisfério Astrológico foi o que cimentou a original Cabala, pois essa denominação já veio daquela época, pois sempre significou

Tradição do Saber (nos Santuários Egípcios ela foi ensinada e escrita pelo primeiro Hermes, o Trismegisto e daí por Moisés, para os Judeus).

Entenda-se: — entre os Israelitas (de 1.500 a 1.600 a.C.) que se distinguiam nas 10 tribos judias, esta Cabala foi ensinada entre eles por Moisés, que aprendeu nos Templos de Yo-Ka-Bed ou Ísis, no Egito. Depois com a dispersão dessas 10 tribos (espécie de cisão) esse conhecimento acabou sendo misturado com os ensinamentos alterados da Ordem Yônica e acabaram se confundindo. Depois, há uns 600 anos a.c., Daniel e ESDRAS tentaram recompor esta Cabala, mas já originária dos Caldeus. Assim é que surgiu a chamada e reconhecida como a Qabalah Hebraica ou Judaica, dita mesmo como a Kabala, essa que veio para o Ocidente, muito alterada e mais confusa ainda, do que dela transparece nas denominadas de Clavículas de Salomão. Também, conforme interpretaram e traduziram do que Moisés deixou escrito e formaram o seu Pentateuco (Sepher Mosheh), é preciso adivinhar ou analisá-lo com profunda visão esotérica.

Essa Primordial Síntese confirmava desde suas origens uma só Revelação, uma só Lei, uma só Regra, uma só Religião, num só conceito puro da Deidade, num só Sistema de Conhecimentos e suas aplicações nos ritos e seu relacionamento correto com as forças da natureza; porém, tudo isso sofreu profundas alterações depois do Cisma de Irshu. Houve uma inversão de valores vibratórios c sonométricos nos termos sagrados originais e daí por diante foi tudo cada vez mais se alterando e deturpando até nossos dias (o culpado por essa inversão de valores, na inversão teológica dos Termos Sagrados, foi Krishna).

Krishna (ou melhor Kricna — o primeiro desse nome, cognominado "o Negro" e também considerado na Filosofia Oriental como a Oitava Encarnação de Vishnu) pontificava há 3.200 anos a.C. quando, pressionado pela política religiosa e imperante na dita Ordem Yônica, concordou nessa inversão e alterações de valores. Foi ele, Krishna, o criador do Princípio Trinitário, com Brahma, Vishnu e Shiva. Antes disso, não existia esse conceito trinitário. A regra era o princípio Binário. Daí é que as religiões de quase todos os povos começaram a criar o seu princípio trinitário também, inclusive o do Pai, do Filho e do Espírito Santo. Foi no ciclo de Rama e no Império de Krishna que se consolidou a classificação do povo indiano em quatro castas: os Brâmanes (sacerdotes), os Kshátrias (guerreiros), os Vaicias (comerciantes) e os Sudras (servos); abaixo das castas, os Párias, esses, verdadeiros trapos humanos. Evidentemente, Krishna estava entre os ancestrais dos Midianitas (o povo de Midiã, a gente de Jetro).

Disso tudo, dessa Kabala ou Tradição do Saber, com o transcorrer dos séculos foram surgindo algumas revelações, certos conhecimentos e conceitos, certas verdades que passaram para o Ocidente (isto é, voltaram) com a denominação de Ciências Ocultas, porém bastante "rotas ou esfarrapadas".

Essas tão citadas Ciências também foram ensinadas e praticadas pelos povos de raça negra. Mas, de onde verdadeiramente vieram os negros? Segundo inúmeros etnólogos, antropólogos e pesquisadores, o berço dos principais troncos raciais negros foi a Ásia. Dali, houve vários desmembramentos raciais, que se dirigiram para o continente africano e se fixaram, de princípio, em certas regiões do Sul.

Diz Herbert Wendt, à pagina 340, de sua abalizada obra, "Tudo começou em Babel": — "Sim, de onde vêm os negros? A resposta não poderá ser encontrada nos maiores e melhores livros antropológicos e etnográficos; quando muito poderão ser encontradas hipóteses, suposições, indícios discutíveis. Já sabemos que povos de pele preta existem na Ásia Meridional e na Oceania. Caveiras com características negroides já foram encontradas em muitos lugares do espaço indo-leste-asiático. Os tasmanianos, raça negra primitiva, atingiram a Austrália do Sul. Todos os indícios apontam a Ásia como berço da raça negra. É possível que um ramo da humanidade sul-asiática, que possui pele escura, tenha desenvolvido características que hoje chamamos de negroides — uma forma humana, portanto, que talvez tivesse tido o aspecto da infeliz sobrevivente da raça tasmaniana, Lala Rookh. Enquanto viveram na Ásia, os povos de pele escura desenvolveram civilizações semelhantes às dos povos de pele clara, etc. etc. etc...".

Então, de certa forma, a raça negra já dominou o mundo. Dominava desde quando atingiu seu apogeu e estendia seu poderio até certas regiões da Europa, a qual vivia incursionando pelo Mediterrâneo, fazendo prisioneiros de raça branca, como seus escravos.

Esses povos de raça negra se tornaram tão perigosos e cruéis nestas ditas incursões que já de 8.600 anos a.C., um pouco antes mesmo, houve uma aliança entre dois grandes chefes guerreiros e Altos Sacerdotes Celtas para repeli-los... e o fizeram. Eles foram o mesmo Rama e outro do nome Thor...

Mas, em quais regiões da Ásia a raça negra foi mais forte e sua cultura tinha atingido níveis mais elevados? Ela ocupava construções ciclópicas no Alto Egito. Dominava esse povo egípcio e ali tinha até estabelecido suas colônias. Essa raça já tinha um sacerdócio altamente qualificado que vivia nos seus Templos às margens do Alto Nilo. Muitos historiadores dizem que a raça negra era possuidora de uma ciência esotérica, a qual denominaram Sabeísmo.

Todavia, quando Rama e Thor os repeliram da Europa, logo após Rama encetou sua marcha de conquista pelo continente africano, dominando ramos da raça negra já ali estabelecidos e impondo suas leis, tanto é que ficou conhecido como Gian-Cid ou Djem-Cid.

Após esse evento, Rama se dirigiu para as terras da Índia Oriental onde tornou a atacá-los e dominá-los (do que já falamos antes).

Patriarcas da raça negra ainda tinham guardados Mistérios dessa antiga ciência dos Magos, pelo menos até o ano de 1.500 a.C. quando Jetro (Jethroou Rouel), sábio Sacerdote da Raça Negra de Mediã (Midiã, os medianitas ou madianitas da época), recebeu Moisés para iniciá-lo nestes mistérios, se tornando até seu sogro, tendo lhe dado sua filha Séfora, como esposa.

Cremos ter evidenciado para o leitor, com esta dissertação, que altos Sacerdotes da Raça Negra também foram possuidores da Síntese Primeva, quer se denominassem Babalawôs, Babalorisás, Ojés, Tatas etc... e que dessem a esses conhecimentos os termos próprios de sua língua (a dos Yorubanos ou Nagô), no caso, os que estamos particularizando para entrarmos com essa advertência fraterna.

E, ainda, mais a título de comprovação de origens, façamos nossas as palavras do pesquisador e escritor (já citado) Sr. Cavalcante Bandeira, da página 44 de seu livro "O Que é a Umbanda": "Historicamente é sabido que os bantos, dos quais os angolanos descendem, derivam de negros que se deslocaram do Egito no Alto Nilo, os quais, em séculos de invasões, ocuparam as regiões do centro e sul africanos, dominando as tribos locais"...

E agora podemos perguntar a esse confrade: — e a palavra Umbanda que H. Chatelain descobriu, foi ou não foi, entre os ditos angolanos, numa narrativa de um "conteur", de um akpalô?...

E assim, vamos para o ponto nevrálgico dessa advertência fraterna, na certeza de que causará reações, impactos e até o ranger de dentes... Mas CUIDADO!... Estamos sendo mandado... a ordem veio de CIMA...

No profundo conceito filosófico, metafísico e místico da Iniciação NAGÔ, o Babalawô admitia e ensinava que os mistérios da vida de uma pessoa estavam condicionados em 2 níveis ou 2 planos: — o primeiro era o ORUN, o mesmo que o Além, o Espaço Infinito e, dentro dele existia o Mundo Astral Superior do nosso Universo, onde Divindades podiam habitar. A essas Divindades denominaram ORISÁS — os Genitores Divinos dos Espíritos, de vez que presidiam seus destinos, quer na condição de encarnados, quer na condição de desencarnados, já nos seus "duplos", ou seja, um corpo-astral, os chamados perispíritos kardecistas.

Os Orisás (Orixás), naturalmente, eram os donos da cabeça — ORI — no sentido espiritual, cármico ou de seu Destino e que também comandavam Forças Cósmicas elementais, formativas dos organismos astrais ou etéricos e físicos, dos planetas. ORI significa cabeça, luz, e SÁ ou XÁ, significa Senhor, Dono. Então termos: Senhor da luz ou Dono da Cabeça. Para designar o Espaço, o Cosmos que englobava tudo que tem existência natural e sobrenatural, diziam como o ARÁ-ORUN.

E para esses Orisás Genitores dos Espíritos não se podia sacrificar animais de espécie alguma e muito menos a oferta de sangue. Nada de matéria. Era vedado, era Lei... Só podiam ser venerados pela Oração, pela Louvação, pelos Cânticos Sagrados, pela Dança e pelo toque dos atabaques ritualísticos e pelas vestimentas, também rituais, a fim de caracterizar para os de fora, para o público crente aquele Orisá a quem o iniciado (a) tinha se devotado, quer fosse um Babalawô, um Babalorisá, quer fosse um Ojé, quer fosse uma Yalorixá, Yaôs etc... Enfim, a Divindade a quem um iniciado estava submisso.

No segundo Nível ou Plano do Mistério da Vida, estava o AYÉ, que é o mundo físico (incluindo o humano), de estreita ligação com o ORUN inferior, ou do Astral mais direto — esse em que nos movemos, respiramos etc., extensivo aos mares, aos rios, às cachoeiras, às matas, às pedras e à terra. Por isso é denominado também ARÁ-AYÉ. Essa designação genérica de Ará-Orun, é pela crença de que nele também se encontram os Orisás Ancestres ou Ancestrais de alta categoria ou luz espiritual.

Deram também aos Orisás o nome de IRUNMALÉS, obedecendo a duas distinções: — Os lrunmalés — Orisás Divinos, e os lrunmalés Ancestres ou Ancestrais (aqueles que foram Eguns, porque passaram pela vida terrena, da carne).

"Pertenciam a categorias diferentes: os Orisás estão especialmente associados à estrutura da Natureza do Cosmos; os Ancestres, à estrutura da Sociedade."[3]

Aos Irunmalés — Orisás, também dividiram em duas grandes categorias: — ados Orisás-Funfun (ou Imalés), como sendo os da direita, isto é, da linha do eterno masculino e designavam como os 400 da direita (e mais I, que era o Orisá Exú). Ao Orisá dessa linha a quem se estava submisso ou devotado, chamavam de Babá-mi (meu pai — o ancestral divino).

E aos Irunmalés da esquerda denominavam os ebora, que representavam o Eterno Feminino, em número de 200. A esse Irunmalé Orisá da esquerda, ao qual o iniciado(a) estava submisso(a), pelo seu ORI (cabeça), chamavam de IYÁ-MI (minha mãe — o ancestral divino).

O Culto aos Orisás Divinos era completamente separado dos outros Cultos e só podiam cultuá-los no terreiro Elesé-Orisá.

O Culto aos Orisás Ancestrais era feito em local separado, nos terreiros e tema denominação de Lesé-Egun. E ainda: — a separação entre os eguns masculinos e femininos era tão severa, que até para os Altos sacerdotes e para as Altas Sacerdotisas, falecidos, havia rigorosa separação, e com "assentos" especiais e distintos.

E para não entrarmos num sem-número de detalhes, dada a complexidade dos ritos e dos conceitos, acrescentaremos que: — OLORUN ou Olodunmaré, é a Entidade Suprema, Dono de todo o Cosmos; porém outorga Poderes a Obatalá ou Orinsalá, para criar os Seres e comandar o lado dos Orisás que particularizam o poder genitor masculino, e Oduduwá ou Odua, é quem detém o poder genitor feminino, do lado esquerdo. Odua também pode delegar poderes a Yemanjá para tudo.

Agora vamos entrar diretamente no âmago da questão a que nos propomos: — O Terreiro propriamente dito, por extensão, contém três

---

3 *Vide* o trabalho da Dra. Juana Elbein dos Santos. Uma tese que apresentou na Soborne: Achamos nesse livro, "Os Nagôs e a Morte", de confronto com outros autores estrangeiros, um sentido mais puro e até entrando em partes internas da iniciação Nagô, especialmente no que pôde assimilar no Ilê Opon Afonjá, de Senhora (já falecida), da Bahia.

espaços distintos: — 1º: um espaço externo, público; todas as pessoas podem penetrar; 2º: um espaço semiprivado, que pode ser frequentado por todos os iniciados de qualquer grau, onde, em uma determinada parte, existem o Trono e os assentos dos Eguns-Agbá (que são os eguns de alta categoria — os lrunmalés ancestrais etc.); 3º: um espaço privadíssimo, onde somente podem entrar e praticar, os Babalawôs, os Babalorisás, os Ojés de alto grau. Nesse recinto — casa dos mistérios —, entre outros assentos especiais (os asés ou axés), se encontra um fundamental, de força coletiva, dito como o Opá-Kóko, constando materialmente de um grosso tronco de uma árvore sagrada denominada akôko.

Pois bem!... Nesse recinto, nessa "casa dos mistérios" (privadíssima, de fato e de direito), domínio do Babalawô, era onde, realmente, se fazia a identificação do ORI de um filho-de-santo para a iniciação maior, quer de sua relação afim com a Divindade que viria a ser seu Orisá de Ori (o pai divino), quer com o do seu relacionamento especial com as forças e os elementos da natureza, que seriam levantados e particularizados para seus axés.

O asé, num sentido amplo, são forças sutis e elementais, revitalizadoras, transmissivas e receptivas, que podem ter fixações, quer numa pessoa, quer através de um objeto, preparado, imantado, nos ritos secretos do obôri, pela magia.

Essa identificação do Ori, para o Orisá afim, obedecia a certos conhecimentos específicos, tendo como base o verdadeiro Jogo do Ifá, com seu tabuleiro de sinais sagrados (o Opon-Ifá) e seus 16 coquinhos, que tomavam formas naturais e especiais (ah! o mistério da preparação desses coquinhos!... perderam), os quais, na caída, definiam o Odu, ou a configuração de Odus do destino e daí era estudada e interpretada a sua linha de destinação na terra, quer espiritual, quer afetiva, quer material; enfim, as suas injunções cármicas etc. Esse jogo, essa fala de Ifá por intermédio de Exú, nessa caída dava uma configuração, a qual pelos sinais secretos do tabuleiro dava sua correlação direta, com a Divindade que presidia essa linha de injunções cármicas (saber qual o principal dentro dela. Seriam, no alto esoterismo oriental — os Lipikas, Senhores do Carma), para saber contorná-las, suportá-las ou superá-las. Esses sinais sulcados no Opon-Ifá (o tabuleiro sagrado) teriam vindo originários da Cabala dos Patriarcas e faziam parte da "COROA DA PALAVRA"...

Feito isso, ainda havia um levantamento pelo dia do nascimento, para confirmar o signo, e o planeta de sua influência, "porque os Orisás são potências que presidem, também, a influências vibratórias dos planetas"...

Aí parava a identificação para o Pai Ancestral Divino — o lrunmalé Orisá, o dito como pai de cabeça em todos os Candomblés do Brasil... Até aqui, nada de sacrifícios rituais, nada de oferendas materiais e, sobretudo, nada de sangue! É incrível se conceber que um Orisá Divino possa aceitar um tipo de veneração ou cultuação, através do sacrifício de animais diversos (pelo e pena). Está ERRADO tudo que se fizer ou venha a fazer para Eles, dessa maneira ritualística. Perderam o segredo do DEKÁ, e o sentido correto dos Ritos Secretos do Obôri (bôri), essa é que é a verdade nua e crua. Há uma indústria montada nesse tipo de especulação de fé, de ingenuidade, de ignorância... mas voltemos ao fio da meada.

Depois dessa primeira identificação, vinha a segunda, talvez a mais importante, no sentido direto de beneficiar o ser humano. Era a identificação ainda de seu nascimento pela LUA... porque essa era a que tinha e tem a relação direta e prática, com o rito secreto do Bôri, ou melhor, do Bôri-Inu, especialmente por causa do elemento sangue...

Mas, antes de entrarmos nesse ângulo, abramos um parêntese cara ressaltar o seguinte: — "O Candomblé, culto Nagô ou mesmo Jeje-Nagô — pautado nas linhas que caracterizam as suas tradições de origem —, místicas, ritualísticas e de moral religiosa rígida, é um cos cultos de maior pureza, e que pode promover e plantar no campo psicológico (da alma, do espírito) de seus crentes, quer já sejam iniciandos ou Iniciados, um imenso potencial místico, uma autossugestão profunda, que é a fé, dinamizadora de suas energias, de vez que pode induzir seus misticismos a penetrar e compartilhar do mundo maravilhoso (o Ará-Orum) de seus Orisás Divinos e com eles se identificarem e individualizarem. Dentro dessas linhas de misticismo e de cultuações puras, podem promover até uma terapêutica psicossomática, revelada naquela gama de estímulos místicos e de fé, quando atingem o condicionamento de se sentirem ligados, protegidos e possuídos pelo seu Orisá divino. É o vértice misterioso da fé; é um tipo de transe anímico positivo (não confundir com o transe mediúnico).

Agora, retomemos o fio. O Mago, quer tenha sido ou possa ser um Babalaô, quer seja da Umbanda Esotérica, sabe que a força cósmica que realmente preside a toda gestação (humana, e de todas as espécies de animais) até o nascimento, é a influência ou os fluidos vibratórios das 4 fases da Lua: MINGUANTE — NOVA — CRESCENTE — CHEIA. Por isso o Babalaô sabia identificar sob qual fase o iniciando tinha nascido. Isso era (e é) de suma importância, porque, só por essa parte se pode entrar nos ritos secretos do obôri ou bôri-inu (dar de comer à cabeça), isto é, no sentido de captar, assentar, revitalizar o seu corpo astral e por ligação à sua Aura, pelo seu ASÉ (seu axé de correlações). Aqui é que pode entrar o uso do sangue vermelho animal (a iniciação nagô aplica 3 tipos de sangue, ditos vermelho, branco e preto, ligados a animais, vegetais e minerais, no sentido correto de sua aplicação). NÃO para obter o beneplácito dos Orisás divinos; NÃO para atrair Divindades para proteções especiais; NÃO para abrir cabeça para a mediunidade de ninguém... Usar nos ritos do Bôri o sangue sobre partes específicas de uma criatura iniciando (ou carenciada) e que se relacionam com linhas de forças vitais de seu corpo astral, não era (ou é) e nem serve, absolutamente, para requisitar favores de seu Orisá Ancestre Divino... Ele está acima e por fora disso.

Vamos ver se conseguimos nos fazer entender em assunto tão delicado e perigoso, na pretensão de melhorar o Caos que existe nos ritos dos Candomblés brasileiros, pelo uso errado da matança de bichos e pelo empaçocamento de sangue na cabeça dos infelizes crentes de seus terreiros, por ignorantes "pais-de-santo"...

Vamos proceder a uma explicação (com reservas, é claro), mas suficiente para quem as ler com atenção e já tenha algum conhecimento esotérico ou do chamado de ocultismo.

Já falamos que a Lua é de importância capital, na gestação, e também sobre todos os organismos da natureza. São, basicamente quatro, as modificações de fluidos vitais ou vibratórios da Lua, que promovem ou influenciam decisivamente na constituição e na energia (seiva etc.) dos elementos da natureza. Podem ser classificados assim, num sentido mais simples: — os éteres do Fogo, Água, Terra e Ar.

Os éteres vitais de uma vibração de um desses quatro elementos da natureza potenciam e alimentam, quer as coisas do mundo físico (mares, rios, cachoeiras, matas, vegetais, pedras, minerais e a terra etc.), quer os organismos do mundo astral e elemental, incluindo especificamente, para o nosso caso aqui, os chamados de elementais — espíritos da natureza, dos cabalistas.

Esses tipos de espíritos vivem (e se alimentam vitalmente) na corrente pura, fluídica desses elementos da natureza e, ainda, estagiando nos sítios vibratórios dessa natureza, acima citados.

Esses Elementais — espíritos da natureza, também sofreram ou passaram por grandes ciclos repetitivos de gestação, ou seja, seus corpos astrais foram moldados sob a influência da Lua — repetimos — nos ciclos incessantes de suas quatro fases...

E eles, esses espíritos da natureza, têm afinidades especiais por certos sítios vibratórios dessa natureza e por certas fases próprias dessa Lua, debaixo da qual complementaram seus corpos astrais. Entenderam?... Esses espíritos da natureza têm seus corpos astrais, puros, porque nunca encarnaram. Mas vamos ilustrar o leitor estudioso, com o que diz a Cabala Hebraica sobre eles.

Essa Cabala ensina que: — os elementos (fogo, água, terra e ar) são habitados por seres aos quais se dá o nome de elementais (Shedim).

Os que habitam o fogo chamam-se salamandras; os do ar, silfos; os da água, ninfas ou ondinas; os da terra, gnomos ou pigmeus.

Os cabalistas dizem que as salamandras são as que têm as formas astrais mais belas e perfeitas, porque são compostas das mais sutis partes do fogo etérico da natureza; são sábias e invisíveis; conhecem segredos da natureza e têm prazer em ajudar os homens bons.

Os silfos são compostos dos mais puros átomos do ar; seus corpos astrais, especialmente do lado feminino, são, também, de extraordinária beleza.

As ninfas ou as ondinas são compostas das partes mais sutis da água. Entre essa classe há muito mais seres do lado feminino, e são formosas.

Os gnomos ou pigmeus povoam o interior da terra, a superfície dela, das pedras e dos minerais. Esses seres ou criaturas da natureza natural vivem conforme as leis e são admiráveis. São inimigos dos ímpios, ignorantes e libertinos.

Não têm corpo físico nem Neshamah (pensamentos fisiopsíquicos), compondo-se de Nephesh (o corpo-astral) e Rhuach (a alma).

Alimentam-se, quer dos elementos etéricos, quer dos fluidos da seiva das coisas da natureza e têm atração especial pelos odores de certos alimentos humanos e pelas emanações ou odores sacrificiais.

A Cabala ensina que o homem (o mago) pode, por meio da Magia Natural (Maaseh Shedin), entrar em comunicação com esses elementais, espíritos da natureza.

Aqui para uma assimilação mais simples e direta, para a turma do Candomblé, achamos por bem conservar a designação tradicional dos cabalistas — de elementais — espíritos da natureza, que, em verdade, devem ser melhor denominados os elementares — espíritos da natureza. O leitor encontrará detalhes e explicações sobre esse assunto, no capítulo que trata disso... ou seja, no conceito da Umbanda esotérica...

Sintetizemos então e equacionemos o assunto:

> a) a Lua tem influência decisiva durante toda gestação de uma mãe; e naturalmente sobre o filho ou o Ser que vai nascer e já traz um corpo astral, que vai se vinculando ao embrião durante todo seu desenvolvimento até o seu nascimento, pelas suas linhas de forças vitais (que a acupuntura qualifica como meridianos). Esse filho vem ao mundo físico debaixo de uma das fases da Lua, que imprime características especiais em seu corpo astral e daí, por extensão, em todo seu sistema celular — os neurônios sensitivos.

> b) Os Elementais, espíritos da natureza, também sofrem esse processo de influenciação e têm afinidades especiais; cada classe deles por uma certa fase da Lua (fase complementativa de seus corpos astrais puros) e, consequentemente, habitam sítios vibratórios relacionados com essa mesma natureza (éteres do fogo, da água, da terra e do ar e, por equivalência, mares, rios, matas, vegetais, pedreiras, terras e a corrente aérea ou do ar oxigenado etc...

Então, em face desses conhecimentos, dessas ligações expostas, é que entra o rito secreto do Bôri, que todo Mago deve dominar ou saber aplicar, quer tenham essa denominação, quer tenham outra na Umbanda Esotérica. Porque o elemento mais importante para se dar ASÉ (Axé) é sem dúvida alguma o SANGUE, não pelo sangue em si, mas pela sua natureza vital (pela hemoglobina) e pela grande atração que exerce sobre esses tão citados elementais — espíritos da natureza, que são os que podem transmitir vitalidade pura, sem resíduos, sem alterações pela condição humana. Eles podem transformar fluídos etéricos e emanações do sangue em elementos de força para suprir carências e deficiências do nosso organismo astral e físico também... A questão é saber: quando, como e por onde... se faz AXÉ. Asé (ou axé) é um poder que se recebe, e se compartilha e se distribui através da prática ritualística, da experiência mística e iniciática.

Enfim: — pelo sangue, se o axé mais importante; é o que dinamiza; dá vitalidade, circula, transmite e capta. Ele é o elemento individualizador.

Portanto, Você, irmão do Candomblé, que se diz Babalaô!... Você sabe identificar seu filho-de-santo direitinho? Pelo Jogo de Búzios, não serve e nem dá. Orixás nunca falaram através dos Búzios para Babalaô nenhum...

Os ditos como Irindinloguns eram um jogo oracular, exclusivo do Orixá Obaluayê, composto de 16 e mais 1 cauris da costa. E só quem jogava era o sacerdote desse Orixá.

E outra coisa: — à mulher era vedado qualquer tipo de jogo adivinhatório na Iniciação Nagô, do passado. Será que ela evoluiu no Brasil? Parece que já está havendo uma reação contra o desatino de babás nesse sentido, pois a Federação Baiana do Culto Afro-Brasileiro, que deu o nome de vários Orixás para regerem o ano de 1978, não gostou da fala dos Búzios da Menininha do Gantois, que disse que o Regente de 1978 era Yemanjá. A coisa parece que esquentou, pois o Conselho de Ministros dessa Federação acabou distribuindo uma nota à imprensa, onde dizia taxativamente: "o ato de jogar búzios não pode ser praticado por mulher, pois nem Orubilá nem Babá Ifá o aceitam"... (transcrito de "Gira de Umbanda", de janeiro de 1978-Rio).

Esse gritinho — contra certas prerrogativas que as babás-de-terreiro pretendem ter assumido —, ou melhor dizendo, essa reação, desses Srs. Ministros dos Cultos Afro-Brasileiros, embora que cauteloso e tardio, devia ter vindo na forma de um vigoroso BRADO, do tipo Tarzan...

Nós já vimos há muitos anos alertando contra os perigos desse "comando" que a mulher "assumiu", dos Candomblés para os terreiros de Umbanda popular...Isso é um assunto muito sério e delicado, no qual, uma quase maioria responsável tem medo ou receio de tocar, de enfrentar.

Mas para essa maioria medrosa, podemos apontar também, como exemplo dignificante, a atitude observada por Paulo VI, que, apesar das pressões, recusou, taxativamente, várias vezes, ordenar mulheres Sacerdotes. Do Jornal "O DIA" — 1977, podemos extrair as suas razões (de Paulo VI), e compreendê-las perfeitamente. Com o título de "Paulo VI Explica Por que Não Pode Haver Mulher-Sacerdote", se lê o seguinte: — "O Papa Paulo VI afirmará, num importante documento, a ser divulgado hoje, que não pode haver discussões sobre a elevação da mulher ao sacerdócio dentro da Igreja Católica Romana, porque 'Cristo foi um homem'. Fontes do Vaticano acrescentaram que o Documento Papal, de 18 páginas, cita, como outra razão para recusar o sacerdócio às mulheres, as antigas tradições da Igreja Católica, a atitude do próprio Cristo com relação à questão e 'a prática dos Apóstolos'...".

Acresce dizer que esse documento foi preparado pela Congregação da Doutrina do Vaticano, aprovado pelo Sumo Pontífice, assinado pelo Prefeito da Congregação etc., etc., etc...

Muitas vezes ficamos analisando (e compreendendo, é claro) aquele simbolismo de Moisés, quando ensinou que "Adão foi feito de barro vermelho e Eva foi feita de uma costela dele"... Isso não estaria encobrindo ou velando, aquele mistério da relação influente da Lua Vermelha (a lua cheia) da Magia ou da Teurgia, com a Hipófise (uma glândula mestra, no cérebro) e o tamanho de seu cérebro, da mulher, que é 1.093 gramas para o do homem que é de 1.182gramas? Uma diferença, portanto, de 89 gramas. Ou melhor: o peso médio da massa encefálica da mulher é de 1.050 gramas, e a do homem é de 1.200.

Irmão Umbandista! Irmão do Candomblé!... Leia, releia e medite no exposto, e depois complemente com as seguintes premissas: — quase todas as mulheres são ciclotímicas, isto é, seu condicionamento psicológico varia muito, de acordo com a fisiologia que lhe é peculiar. Todas elas, na tensão pré-menstrual, além de ficarem supertensas, irritadíssimas, com dores de cabeça e outros sintomas mais, pelas toxinas que circulam no sangue, até precipitarem o fluxo sanguíneo (a menstruação) transpiram, pelo hálito, pelo corpo e especialmente pelas mãos e pelos dedos, um suor venenoso dito pela medicina como a menotoxina. E na fase aguda da menopausa, nem se fala...

Agora imagine você, sob essas condições acima, sem a outorga de fato e de direito para o Sacerdócio (não poder consagrar varões), sem o direito legal de jogar búzios, ela jogou para você, apontou seus Orixás e até deu o seu Eledádé Ori (ou o Ori-Inu), e fez camarinha para você, fez matança e botou sangue de bicho (de pelo ou de pena?), na sua cabeça — no seu Ori?... E daí, você acha que o seu "santo" está certo, certinho?... Comece a pensar bem nisso...

Falam por aí que o Matta e Silva não gosta das mulheres, por isso as ataca. Cruzes!... Sempre as adorei e adoro e se mais não adoro, é porque mais não posso. Apenas, definimos as coisas e os direitos que são próprios da destinação natural da mulher e do homem, que são os fatores e as injunções Cármicas do lado direito e do lado esquerdo...

Moral profunda dessa advertência: A mulher-babá de candomblé que usa o sangue sobre a coroa de um filho(a) de santo está infringindo duas regras: a) não tem outorga para isso; b) se assim o fizer estará disturbando os centros vitais dessa pessoa, pelo uso inadequado do dito sangue. Entendam! Usar corretamente o elemento sangue sobre a cabeça do filho de um orixá, não é dar esse sangue para o dito orixá.

2ª PARTE
O PODER SUPREMO OPERANTE. AS HIERARQUIAS. O REINO VIRGINAL. A CONFRARIA DOS ESPÍRITOS ANCESTRAIS. O GOVERNO OCULTO DO MUNDO. A CORRENTE ASTRAL DE UMBANDA E SUA MISSÃO SOBRE O BRASIL. QUEM SÃO OS ESPÍRITOS DE CABOCLOS, PRETOS-VELHOS ETC. A CABALA ORIGINAL, CHAMADA ÁRIOEGÍPCIA, QUE FOI FALSIFICADA E ESCONDIDA. A TRADIÇÃO DO SABER HUMANO QUE O ORIENTE E O OCIDENTE PASSARAM A CONHECER JÁ SURGIU "ROTA, ESFARRAPADA"

É necessário, imperioso mesmo, que os irmãos umbandistas mais conscientes (sobretudo aqueles que exercem função doutrinária, em especial os chamados chefes de terreiros) compreendam com clareza que essa questão de Umbanda, caboclos, pretos-velhos e outros não surgiu como mera decorrência das práticas de nossos índios e dos escravos africanos.

Irmãos — a Corrente Astral de Umbanda surgiu como uma providência do Astral Superior, ou seja, dos Mentores do Planeta Terra, na ocasião oportuna, sobre toda essa massa que qualificaram como praticante das seitas afro-brasileiras, hoje em dia já classificada, com mais propriedade, como coletividade umbandista.

E para que entendam bem isso, vamos elucidar certos ângulos relacionados com um Alto Poder Astral, definido em certas correntes como

"O Governo Oculto do Mundo", para que entre em sua justa posição a dita Corrente de Umbanda e sua missão sobre o Brasil.

Existe um fato, uma verdade que, em certa altura da vida de todo pensador espiritualista, esotérico, magista, ou iniciado de qualquer corrente ou escola, interpenetra sua consciência com tamanha força de convicção que (quer seja sofrimentos, provações por mais duras) coisa alguma o faz retroceder ou sequer duvidar dessa verdade consciencial: a plena convicção da existência deum Poder Supremo a que denominamos Deus.

E nós, que já sofremos ou passamos por aquelas terríveis tensões morais-espirituais que precedem a posse de certo grau de iniciação dado pelo Astral, bem sabemos avaliar essa condição e o respeito que os Iniciados de fato têm a esse Poder Supremo.

É constante em nossa lembrança a advertência de nosso Mestre Astral, ao nos revelar ao entendimento certo mistério do Arcano Maior, quando, sentenciando a sua regra-máter (ao mesmo tempo que nos imprimia o selo), disse: — "Ó Deus, todo poderoso, Onisciente e Onipresente, Suprema Consciência Operante, que está por dentro, por fora e acima de todos os Poderes e de todas as coisas por Si mesmo geradas e engendradas" etc...

Portanto, sempre impulsionado pela outorga desse grau, por essa luz, sabemos conscientemente que sua regra é lutar sem desfalecer pelo esclarecimento de nossos semelhantes.

Assim, clareemos também, tanto quanto possível, o ângulo oculto dessa sentença, convencido de que estamos cumprindo o que se faz necessário, no momento.

Então, não somente a verdade desse conhecimento pode se apoderar do pensador, do iniciado. Também no íntimo de todas as criaturas existe uma advertência latente sobre esse Poder Supremo — Deus — que cada um concebe segundo seu alcance, ou segundo as ocasiões em que, dentro de certas circunstâncias, seu espírito se dinamiza por vibrações dos próprios pensamentos e tenta pôr-se em ralação com as forças de cima, do Alto, em busca de socorro ou de um lenitivo qualquer.

É errada, erradíssima, a suposição de que certas pessoas não acreditam em Deus, fundada apenas no que declaram a esse respeito.

Os que se dizem ateus, podem não crer nos conceitos religiosos, místicos, espíritos, filosóficos e metafísicos sobre Deus, segundo a concepção estabelecida por tais sistemas ou, particularmente, pelo entendimento de um e de outro.

Eles (os que se dizem ateus) estão passando por uma fase de obscurecimento espiritual, mas, mesmo assim, se pudéssemos penetrar, em realidade, o fundo de suas afirmações, veríamos que lá no âmago, mesmo, existe o temor latente por "algo" que tentam abafar continuamente, opondo-lhe a barreira da dúvida ou da negação sistemática.

Muitos até se armam com o escudo do cinismo para se enganarem a si próprios, porém um analista clarividente verá logo que essas reações não são naturais, não espelham exatamente os seus verdadeiros estados conscienciais ou o que deve existir nas suas consciências a esse respeito. Ninguém em verdade é ateu, na acepção da palavra.

Agora, entremos no mérito da questão e levemo-la para a meta que nos propomos.

E para isso vamos simplificar o mais possível, reafirmando, segundo a regra do Arcano, que, se Deus está por dentro de todas as coisas, é porque sua Onipresença, isto é, por força de Suas Divinas Vibrações Volitivas, Ele pode operar em tudo e por tudo que Ele mesmo gerou e engendrou.

Mas não se empreste a isso o sentido terra-a-terra que muitos doutrinadores lhe dão, quando afirmam: — "Deus está presente", como se Ele, realmente, estivesse ao lado de cada pessoa ou de cada coisa nesse infinito Cosmos.

Esse conceito, esse fenômeno, não deve ser interpretado assim tão terra-a-terra, pois se a Sua maravilhosa presença acontecesse dessa maneira, é claro que não existiria mais nenhum pecador, visto que a Sua presença, ao lado da criatura, ou de milhões e milhões de seres, por certo a todos e a tudo purificaria instantaneamente e todos se transformariam em individualidades sublimadas, portadoras de amor e bondade, pela força atuante, pela Potência de Seu Divino Raio Espiritual Purificador.

Até mesmo a presença direta de Jesus — o Cristo Planetário — já é algo difícil aqui na atmosfera baixa da crosta terráquea, de vez que Ele também age, cria e dirige através de Seu Poder Dirigente, tendo mesmo os seus prepostos ou enviados e suas Congregações (como é o caso da Confraria dos Espíritos Ancestrais, da qual falaremos adiante), precisando cada descida Sua ser precedida de uma operação preparatória, de limpeza; haja vista, por ocasião de Sua encarnação, os inúmeros fatores utilizados para isso, quer de influenciação psíquica coletiva, quer de ordem espirítica, astrológica, cosmogônica etc.

Enfim, nenhum ser "encarnado ou desencarnado" jamais viu Deus "face a face", pelo fato de não ter condições tão meritórias, nem jamais ninguém foi à Sua Divina Presença, quanto mais Ele vir à nossa presença, justamente por estarmos, os encarnados, cheios de imundícies psíquicas e físicas, por dentro e por fora.

Agora podemos frisar o sentido oculto da regra do Arcano, afirmando: DEUS é o Supremo Centro Vibratório de Consciência Operante e esse Centro de Poder Supremo não está localizado nesta via de evolução cármica inerente à rodadas encarnações, isto é, neste *modus operandi* próprio das galáxias, vias lácteas, sistemas planetários ou corpos celestes, inclusive o planeta Terra.

Com isso, pode-se inferir diretamente da existência de outra via de ascensão ou de evolução — o Reino Virginal, o qual é citado veladamente em vários textos sagrados, ou pela tradição oculta, também chamada Cabala.

Esse Reino Virginal, essa outra via de ascensão, independe de energia ou de matéria, sob qualquer forma. Lá só existem mesmo os seres espirituais, em sua pura condição de espíritos, sem veículos corpóreos ou etéricos de espécie alguma, porque a natureza cósmica ali é neutra, é pura, não sofre a interpenetração nem de uma simples partícula do que a ciência física conhece como méson, próton, elétron ou átomo propriamente dito.

Apenas toda essa natureza neutra, esse puro espaço cósmico está habitado, digamos assim, pelas infinitas legiões de espíritos virginais, esses que não caíram, não desceram às também infinitas regiões do espaço cósmico que está cheio de energia chamada universal, essa que gera matéria ou dá formação aos elementos etéricos, aéreos ou gasosos, líquidos e sólidos, enfim, a tudo aquilo que forma a natureza física propriamente dita.

Pois bem, segundo o conceito filosófico, metafísico e oculto da Escola Umbandista[4], ainda por dentro, por fora e acima de tudo isso está o poder de Deus, localizado como o Supremo Poder Operante.

---

4 Ver nossa obra intitulada — "Umbanda — Sua Eterna Doutrina"...

Lá, ainda, é que têm formação as primeiras Hierarquias Dirigentes do Cosmos (entendendo-se como Cosmos tudo o que existe dentro do infinito e ilimitado espaço).

Finalmente, sintetizemos: DEUS está presente, sim, através de Sua Onipresença, de Sua Onisciência, de Sua Suprema Vontade Operante, que são os Seus atributos externos, que se podem expandir, interpenetrar tudo, operar ou manipular a própria substância da natureza, pela AÇÃO de SUA VONTADE sobre o fluido mágico universal (que é uma espécie de energia que movimenta todas as energias ou pranas do universo), e ainda faz sentir Sua Suprema Vontade Diretora, por via das Hierarquias Operantes, inclusive a Hierarquia Crística, e para isso Ele enviou um Seu filho, isto é, um CRISTO, chamado JESUS, e lhe outorgou o comando do planeta Terra.

E assim é que qualquer um, numa oração pura, numa prece sentida, num momento de sublimação espiritual pode falar a Deus. Ele, assim, ouvirá. Sua Onipresença, que está operando por dentro e por fora de todos os poderes e de todas as coisas por SI mesmo geradas e engendradas, registrará o pedido, o brado de socorro, venha de onde vier.

E agora, que acabamos de elucidar certos ângulos de regra do Arcano, dando a entender, claramente, a existência das Hierarquias Superiores, inclusive a Hierarquia Crística, de onde saiu o nosso Jesus, para comandar o planeta Terra, falemos então da Confraria dos Espíritos Ancestrais, para dizermos algo sobre o Governo Oculto de nosso orbe e como está nele enquadrada a nossa Corrente Astral de Umbanda.

A CONFRARIA DOS ESPÍRITOS ANCESTRAIS é constituída dos espíritos mais antigos e mais elevados do planeta Terra.

Como mais antigos queremos dizer os espíritos que mais encarnaram e que há milênios deixaram de encarnar, porque foram os primeiros a esgotar todo o carma individual pela roda das sucessivas reencarnações.

Foram os pioneiros na formação das primitivas raças, desde a época mais remota de nosso orbe, até o período terciário (quando se deram as primeiras materializações ou encarnações de espíritos, aqui no Brasil! — pelo planalto central, a primeira região do mundo a emergir do pélago universal), dali surgindo sempre na vanguarda, até o ciclo da Lemúria, dos atlantes etc.

Esses espíritos, conhecidos como Ancestrais, acumularam elevadíssimas condições morais-espirituais, inclusive na sabedoria, sob todos os aspectos.

E é claro, portanto, que nessa Confraria se encontram os espíritos condutores de raças, os grandes magos, os célebres taumaturgos, os grandes profetas, os maiores gênios da filosofia, da ciência, bem como os grandes predestinados ou reformadores e condutores de correntes religiosas, iniciáticas, espiríticas, esotéricas, todos dentro de suas respectivas funções e graus correspondentes.

É nessa Confraria que se mantém "a verdade viva", isto é, zelam para que a Lei e a Tradição pura sejam mantidas no seio sagrado de seu santuário.

Dali é que são enviados os mensageiros ou os missionários, para atuarem sobre as coletividades afins às citadas correntes.

E isso o fazem, sempre que necessário, para que, seja qual for o grau ou o plano das ditas correntes, se processe uma chamada para o centro, ou seja, para a Luz, para a Verdade, revivendo no meio afim os textos sagrados, a força viva da Lei, constantemente postergada.

Enfim, procuram sempre, de todas as maneiras, incrementar o estado evolutivo ou moral-espiritual dessas coletividades, lançando em seu meio, através das encarnações, os precursores, reformadores, doutrinadores, os médiuns missionários etc.

À Confraria dos Espíritos Ancestrais está afeta a execução direta do Governo Oculto do Mundo, através de seus departamentos especializados, que se ocupam, cada um, de um país ou das sub-raças que formam, por sua vez, o povo de cada região, e por isso mesmo é que foi denominada pelos setores esotéricos mais adiantados como o "Governo Oculto do Mundo".

Porém, é claro, insofismável, que essa Confraria está sob a chefia do Cristo Planetário, ou seja, sob o comando direto de Jesus.

E quando dizemos que todos estão dentro de suas respectivas funções e graus, é porque permanecem em contato vibratório com as raças e com as correntes religiosas, espiríticas, iniciáticas etc., a que tanto se ligaram no passado e às quais continuam ajudando no caminho íngreme da evolução, sobretudo por força da responsabilidade cármica que assumiram desde o princípio.

Até no seio dessa Augusta Confraria estão, também, os condutores das primitivas raças indígenas e de seus remanescentes, e no nosso caso (velando através das vibrações eletromagnéticas do Cruzeiro do Sul) os velhíssimos payés (pajés), como guardiães fiéis de tuybaé-cuaá, ou seja, da sabedoria integral, assim como estão, também, os primitivos sacerdotes da Lemúria e da Atlântida, da Índia, do Egito, da China etc., todos zelando pela única e verdadeira Tradição, que é, em substância, a eterna Lei divina que rege todas as correntes.

Dizemos velando pela verdadeira tradição — isso não nos cansamos de frisar — porque essa tradição, essa cabala que se espalhou do Oriente para o Ocidente, após o famoso Cisma de Irshu e pela qual quase todo esoterismo se pauta, é falsa, foi deturpada pelos hebreus, que foram tão infelizes, ou melhor, tão castigados, que acabaram deixando cair as 78 lâminas nas mãos dos seus antigos donos — os sacerdotes egípcios, que as esconderam até hoje.

Todavia, o Livro Astral, existe, ou seja, o original dessa Cabala Ária ou Nórdica. Está nos arquivos astrais dessa Confraria, aos quais nossos guias têm acesso.

Aqui, vamos levantar uma questão para melhor entendimento de nossos objetivos.

Inumeráveis são os espíritos, encarnados ou desencarnados, que permanecem presos, por milênios, aos caracteres psíquicos de uma corrente racial ou seja, a todos os seus aspectos morais, religiosos, místicos, sociais, étnicos etc.

Podem reencarnar 100 vezes, entretanto, buscam sempre os meios ou os sistemas que lhes são mais afins.

Isso porque na matriz perispirítica deles permanecem indeléveis as impressões e as reações cármicas que, como raízes, firmaram suas linhas de força vibratórias, ou mentais, dentro de uma corrente racial, e essas linhas de força, dando sequência a suas naturais afinidades, procuram sempre sintonizar-se com os grupamentos ou a coletividade a cujas práticas místicas, religiosas, esotéricas, mágicas, tanto se ligaram no passado.

E por força dessas reações e impressões é que grande número de espíritos recusa o passe para reencarnar, tão somente porque não os conduzem para os meios humanos afins. Os mais arraigados são os que só querem encarnar nos grupamentos judeus ou raças orientais[5].

Repisemos o conceito: — se legiões de seres espirituais participaram ativamente de uma determinada corrente de raças e sub-raças e, dentro dessas condições ou de seus caracteres psicossomáticos, muito contribuíram para o seu desenvolvimento, é certo que todas as conquistas permanecem vivas, latentes, mesmo que sejam encaminhadas para novas correntes de migração ou de reencarnação.

Eis por que vibram constantemente em cada indivíduo as suas raízes de forças afins (a sua matriz perispirítica ou astral), quando se põe em contato com os ambientes religiosos, espiríticos, mágicos, aos quais já esteve ligado ou se acostumou, desde suas primeiras encarnações.

Sim, porque os sistemas religiosos de hoje são apenas as novas faces de seus correspondentes do passado. É só comparar.

E dentro dessa lógica é que se pode ver muita gente boa, de colarinho duro e de gravata, muitos até de elevada categoria social, ficarem perfeitamente à vontade nas quimbandas, nos candomblés e macumbas. E quantos não podem dispensar um terreirinho de Umbanda, mesmo que, para o *society*, se apresentem como católicos, apostólicos romanos (obedientes à tradição familiar).

E ainda em face de todas essas citadas condições é que se podem observar as permutas, isto é, criaturas que, depois de permanecerem longos anos em determinado setor religioso, ingressam na corrente da Umbanda ou na do Kardecismo, e vice-versa.

Em vista do exposto, é fácil se entender, agora, por que no Brasil persiste, há séculos, um sistema de concepções e de práticas afroaborígines.

Persiste porque, precisamente aqui, nestas terras do Cruzeiro do Sul, foi centralizada, por alta determinação da Lei Cármica, a mesma corrente reencarnatória dos espíritos que, no passado, foram os pioneiros na formação do primitivo tronco racial dos tupinambás, dos tupis-guaranis,

---

[5] O Oriente, há séculos, vem servindo para o expurgo reencarnatório dos espíritos atrasados, endurecidos, retardados; enfim — dos portadores de um carma pesado, principalmente a Índia, pois ali ainda se conservam quatro classes sociais, abaixo das quais está a dos párias, espécie de trapos humanos, quase sem direitos.

bem como de toda a vanguarda dos espíritos que deram formação à raça dos lemurianos e dos atlantes.

E é assim que, por força dessas raízes morais-espirituais, místicas, étnicas etc., que animam o psicossomatismo vibratório dessa corrente reencarnatória, existe, há quatrocentos e tantos anos, uma massa humana presa, ou atraída, às práticas dos cultos afro-brasileiros. Muito embora viessem elas sede formando cada dia mais, o fato é que, por dentro de tudo isso, persiste o encanto mágico ou a força vibratória de uma linha mestra que sustenta o mistério de tuybaé-cuaá — a sabedoria dos velhos payés (pajés), que é, em síntese, a verdadeira Lei, dada a humanidade, desde o princípio do mundo.

É a legitima Tradição (a essência do saber humano) que os Magos das Raças conseguiram deixar impressa ou grafada nos 78 Quadros Murais que foram achados e identificados na Pirâmide de Memphis e que as elites sacerdotais ou iniciáticas do antigo Egito decifraram, copiando-os integralmente em 78 lâminas móveis, em forma de Livro, denominando-o Cabala Original ou Ário-Egípcia.

Esse livro passou a ser a chave integral da Ciência Mágica, de origem divina, e daí é que saiu o conceito geral sobre a Cabala propriamente conhecida e falada, com suas 78 cartas ou Arcanos, também conhecidos por "Taroth"... em forma de baralho.

Agora, essa que o próprio Oriente ficou conhecendo, já estava rota e veio esfarrapada para o Ocidente, pois até o símbolo dos desenhos de interpretação dos Arcanos não corresponde ao que existe nos originais. Até a divisão dos Arcanos Maiores para os Menores foi alterada, justamente na passagem, que é um dos pontos básicos.

Para isso, deram como sendo 22 os Maiores, e 56 os Menores. Não é assim. Os Maiores são 21 e os Menores são 57. Não aprofundaremos aqui a importância disso, porque o assunto é muito secreto, próprio de uma iniciação superior.

Bem, como falamos atrás que, na Augusta Confraria dos Espíritos Ancestrais, existem, ocupando altíssimos postos ou funções, seres espirituais que foram, em remotíssimo passado, condutores ou ancestrais dessas raças (tupinambá, tupi-guarani, lemurianos, atlantes, africanos etc.), é um fato que continuam — por injunção do carma coletivo dessas correntes — como seus mentores espirituais.

Eles também participam do "Governo Oculto do Mundo", porque o Brasil cresce, e é até infantil dizê-lo... mas o Brasil faz parte do mundo, também...

E foi precisamente há quase um século (segundo a palavra de um mago do Astral, que se nos apresentou com o nome de "caboclo velho payé") que houve uma importante reunião nessa Confraria, para serem debatidos certos aspectos sombrios, que estavam influindo negativa e pavorosamente sobre o carma individual, grupal e coletivo das criaturas adeptas ou praticantes das chamadas seitas afro-brasileiras...

Debateram a questão e chegaram à conclusão de que urgiam providências. Um meio foi escolhido como o mais adequado: uma interpenetração, nessa coletividade, de uma nova corrente astral, a fim de opor resistência, combater e entrar com a doutrina, completamente postergada nesse meio.

Como procederam? Ora, ligada ou fazendo parte também dessa Augusta Confraria, existe uma poderosa corrente conhecida em várias escolas como dos Magos Brancos. Urgia sua cooperação imediata para essa missão, pois era a única dotada de certos poderes, de certos meios, de certos conhecimentos apropriados para enfrentar esse dito meio.

Isso porque era patente estar esse meio contaminado pelo que existe de mais escuso no baixo-astral, tudo sob a orientação ou comando voraz das legiões negras, ou seja, dos mais conhecidos e endurecidos magos-negros do astral e de todos os tempos, ali atraídos, dada a mistura de ritos fetichistas, aliados a um baixíssimo sistema de oferendas.

Reunida a corrente dos Magos Brancos, debateram a questão e logo foram sendo escolhidos os "pontas-de-lança", os vanguardeiros, para essa nobre e espinhosa missão.

E assim foi que começaram a recrutar os pretos-velhos, os caboclos já no grau de Guias (porque, esses, por sua vez, recrutaram outros afins) que, como espíritos velhíssimos — dado o número de reencarnações esgotadas — acumularam pela experiência, pela sabedoria, os conhecimentos adequados da Magia, pois essa seria, como foi, a "arma" mais indicada para dar início a essa batalha gigantesca da Luz contra as trevas.

Dessa reunião — em que se lançou mão de uma antiquíssima e poderosa corrente, e em que se recrutaram outros espíritos elevados e afins ao carma coletivo dessa massa tida como de adeptos dos cultos afro-

-brasileiros, outra ação também ficou logo assente: incrementar os meios mediúnicos para que essa ação se firmasse com maior força de expressão sobre a credulidade e consequente aceitação dessa massa.

Fizeram ressurgir também um poderoso mantra, ou Nome Sagrado, que identifica essa antiquíssima Corrente dos Magos Brancos do Astral e que, por força dessa adaptação de sons ou de fonemas, em nosso idioma, veio precisamente a ser pronunciado como UM-BAN-DAM ou Umbanda, para ser, como foi e é, a Bandeira para esse novo Movimento.

Então é de onde ressalta uma verdade — que todos os antigos observadores recordam com saudade: — quando surgiram os primeiros médiuns de "caboclo" e "preto-velho", eram veículos de verdade... porque esse movimento firme de médiuns de caboclos e pretos-velhos e outros, de Umbanda, é recente. Deve ter, no máximo, uns 70 anos.

Daí para cá é que tudo cresceu demais e descambou também, demais...

Ficou assim formada a Corrente Astral de Umbanda, com a Missão precípua de agir sobre o Brasil e por dentro dessa massa humana dos adeptos dos cultos afro-brasileiros em todos os sentidos, sobretudo com a finalidade de fiscalizar, frenar e sustentar as correntes de fundo esotérico, espiritualista e espirítico.

Isso porque houve um completo desvirtuamento, por parte delas, das diretrizes traçadas pela dita Confraria dos Espíritos Ancestrais, pois alguns de seus mentores de vulto, que foram mandados encarnar para se porem à testa dessas correntes ou sociedades esotéricas, algumas conhecidas, como teosóficas, rosa-cruz, espírita (a fim de incrementar também a evolução de seus seguidores), foram desencarnando e os que ficaram, ou sucederam, jamais puderam equiparar-se àqueles.

Faltou-lhes o cabedal mágico, iniciático de fato, para sustentar todo o acervo do passado, e o pulso firme para manter as diretrizes deixadas.

Tanto é que se deixaram envolver em lutas e arreglos intestinos, pelo fausto e pela vaidade e muito mais pela posição social e os graus foram sendo conferidos, mais a troco dessas condições.

Os legítimos Mestres mesmo desapareceram, e hoje em dia o que regula as instruções e as práticas dessas sociedades ou escolas é uma vasta literatura organizada, padronizando e cadenciando as mesmas regras já superadas em face das novas concepções e dos novos conhecimentos que estão sendo "rasgados" aos olhos da humanidade, neste fim de ciclo, por força da era de Aquário, em que entramos.

Perderam, ou embaralharam, as verdadeiras chaves dos ritos mágicos, o mistério do som dos mantras e é de se ver como cantam vogais, na esperança de realizações interiores e exteriores, que nunca acontecem, a não ser por força da própria sugestão, esparsamente, num e noutro.

Portanto (e como estranha essas nossas afirmações a turminha do ocultismo e do esoterismo), em face de tudo isso, ficou a cargo da Corrente Astral de Umbanda (Será possível? — dirão) zelar sob os céus do Brasil — Pátria do Evangelho, Coração do Mundo, pelos Mistérios Sagrados da Antiga e Verdadeira Tradição.

Sim! Existe por aí um esoterismo balofo, todo calcado numa literatura anunciada como esotérica, ou de ciências ocultas, que é, nada mais, nada menos, do que uma lamentável falsificação da verdadeira Cabala, empurrada para o Ocidente, como os fundamentos inabaláveis do ocultismo oriental (desculpe, leitor, a repetição, mas é que queremos que fique bem gravado em sua mente esse fato).

E é por isso que esses grupos de esotéricos, gnósticos e "quejandos" falam, falam, mas na hora de resolver "uma parada dura", encolhem-se...

Além disso, também existem dentro desse meio (o vento que sopra por cá, também sopra por lá) os que fizeram dos dons psíquicos, em seus variados aspectos, um comércio vil, onde se vende "iniciação" a qualquer um...

Mas deixemos isso de lado e vamos falar do Império do Astral Inferior, ou da ação das forças negras.

O IMPÉRIO DO ASTRAL INFERIOR: AS FORÇAS NEGRAS EM AÇÃO

É realmente impressionante, fantástico até, constatar como o astral inferior conseguiu penetrar, "tomar pé, fazer morada", na maioria desses ambientes que adotam concepções esquisitas e praticam certos ritos bárbaros, fetichistas e de uma incrível revivência atávica...

E não é só nesses que "tomaram pé", formaram seu *habitat*.

É de estarrecer, também, quando se vê o que se passa em matéria de "práticas esotéricas" ou "mágicas" nesses grupamentos que se qualificam de iniciáticos, gnósticos, de ocultistas e "orientalistas".

Se, por dentro do chamado meio umbandista se tem vontade de rir, pelas coisas que ocorrem em grande parte dos terreiros, levando-se em conta que são fruto mais da ingenuidade dos simples, nesses outros ambientes dá vontade de gargalhar.

Como é que se pode ver criaturas que se intitulam "mestres" e usam nomes iniciáticos pomposos (quase sempre nomes orientais) invocar gnomos, ondinas, salamandras e outros "bichinhos" da mãe natura... gemendo, cada gemido que não tem fim, ao mesmo tempo que "engrulham" certos termos esquizoides à guisa de mantra, de velas acesas nas mãos, e conter uma explosiva gargalhada?

Como se pode participar de um círculo de pessoas, sentadas à oriental, falando e falando sempre com "supostos magos orientais manifestados", em atitude de grão-senhores, enfatuados, vendo-se, sabendo-se que ali estão a venerar "um belo quiumba", zombando desses irmãos que, de balandrau, posudos, escutam, respeitosamente, "coisas da alta esfera esotérica", sem que se possa conter uma bruta gargalhada?

Pois bem, irmão leitor, tudo isso é produto exclusivo do envolvimento do astral inferior, e nada mais...

É incrível como criaturas que desconhecem completamente os perigos, asciladas e as "amarrações envolventes" desse baixo astral (porque, tarimba, experiência de fato não se adquire apenas nos livros), possam arvorar-se, de uma hora para outra, em "mestres, iniciados, sacerdotes" disso ou daquilo, ainda por cima fanatizando seguidores ou adeptos.

Sabemos e podemos dizer aqui, alto e bom som, que nunca se praticou tanta magia-negra, tanta magia inferior, tanta confusão mágica e tanta bruxaria, para fins escusos, de baixas intenções sexuais, como ultimamente, no interior dessas "covas" espalhadas por todos os lados, rotuladas de "umbanda", candomblé etc.

Nunca proliferaram tanto esses sistemas fetichistas e "bruxistas" no Brasil, como agora...

Nunca se viu tanto "catimbozeiro" importado como agora, por todo o Estado do Rio de Janeiro. Da Bahia, Pernambuco e outros Estados foram chegando exóticos pais-de-santo, de olhares lânguidos e gestos medidos, quase todos "feitinhos no kêto" e "filhinhos de inhaçã" e logo deram de abrir seus "terreirinhos", tudo bem reboladinho, prontos para fazer qualquer coisa, qualquer negócio. Todos apregoam topar qualquer parada...

Jamais se viu, como agora, tanta criatura-homem com "diploma de pai-de-santo" e tanta criatura-mulher com o "pergaminho de babá-de-terreiro... As "escolas" estão por aí, funcionando...

Será possível que, de uns tempos para cá, "toda gente" virou médium, "babalaô", sacerdote de umbanda e mais isso e mais aquilo? Todo mundo "trabalha", todo mundo é "tata no santo"?

Tem terreiro, abre terreiro, faz terreiro, tem filho-de-santo, faz camarinha, deita "canoa", faz ebó, come ebó e são capazes, até, de beber sangue de bode preto... do jeito que anda e que vai...

Essas coisinhas todas põem água na boca do leigo, pois ele está vendo que todo mundo pula com o santo, dança de "caboclo" que é uma beleza, "rebola de preto-velho" que é um encanto. E com exú? — nem é bom falar! E como dá mulher bonita, de "santo", em certos "cantões" que têm até copa e cozinha: — quando para no santo, é só reconfortar a matéria... cansada...

Diante de tanto "dom" de tanta "proteção", de tanto "caboclo", enfim de tanto "mediunismo", por que será que deixaram o "catimbó" entrar soltinho por toda aparte, com suas "maria-padilha", seus "boiadeiros", seus "zé-pilintra", e outros mestres e mestraços? Isso é Umbanda? Qual!

Jamais tivemos a pretensão de querer convencer a todos — coisa que nem Jesus conseguiu — mas, que já temos convencido a muita gente, disso temos certeza e é dentro desse objetivo ou dessa linha de esclarecimento que continuaremos de pena na mão...

Assim é que temos uma grande piedade para com "a santa ingenuidade" dessa pobre massa humana que peregrina por esses tais terreiros.

Porque só a um observador vivíssimo é dado aquilatar o quanto essa gente é manipulada por essa chusma de espertalhões, vampiros do santo...

Porém — que essa verdade seja dita — há muita criatura por aí que quer "comprar" um "orixá" de qualquer jeito. Faz cabeça, faz camarinha, com um e com outro e, o que mais deixa o observador estupefato, é o seguinte: — a criatura costuma pagar a um pai-de-santo 30, 40, 50 e até 150 a 300 mil "para fazer sua cabeça, ganhar seu orixá", submetendo-se a todas as obrigações ou exigências relativas...

Mas acontece sempre que, quando sai da camarinha, crente de que já "agarrou seu orixá", dá umas voltinhas por fora a fim de "exibir sua força", mostrar que já é um "cabeça feita"... e lá vem a danada da dúvida, porque ele não sentiu "o seu santo como esperava sentir"... Daí, começa a bolar, bolar, até ficar desacreditando "no tal orixá que seu pai-de-santo enfiou na sua rica cabecinha"...

Convence mais uma vez a criatura, que quer o seu "orixá" de qualquer jeito, de que tem que fazer tudo novamente, porque desta vez, garante, vai ganhar o seu santo mesmo... A tal criatura paga e faz tudo novamente e, no final acontece a mesma coisa...

Conhecemos várias pessoas, até com certo grau de instrução, que já "fizeram cabeça", de três a quatro vezes, e ainda não se conformaram, visto continuarem à procura de um pai-de-santo verdadeiro.

Isso é um círculo vicioso, tem uma espécie de "visgo psíquico", anímico, fanatiza, cega a pessoa e não tem jeito mesmo. E é dessa turma de bobocas que os pretensos "babás" vivem à tripa forra...

Esses pretensos pais-de-santo têm uma lábia tão fina que chegam até a sugestionar, convencer, pessoas categorizadas, de instrução superior, de que podem "plantar 'obaluaê' na cabeça deles"...

Esse "negocinho" de plantar "obaluaê" (omolu — o orixá da peste, da varíola, o temido "xapanan" dos africanos) é tão rendoso, mas também tão confuso, tão complicado, que teríamos de escrever um livro para explicar direitinho...

Basta repetirmos o seguinte: "Obaluaê" é considerado nos candomblés com alto respeito, porque é o orixá dono das epidemias, senhor da morte. Por isso, dizem, é muito forte. A sua "proteção" é inestimável. Com ele, abaixo de "Zamby", ninguém pode... Ora quem é que não quer ter semelhante "proteção?".

E os ingênuos, criaturas de espírito fraco, pagam grosso por isso. Eta industriazinha rendosa!

Então, cremos ter deixado bastante claro, com essas simples citações, como imperam a superstição, os ritos confusos, as oferendas grosseiras com bicho de pelo de quatro pés e bicho de pena de dois pés, com sangue e tudo, por esses quatro cantos do Brasil...

E, consequentemente, como tudo isso "cria" um campo ideal de atração (o semelhante atrai o semelhante — essa é a lei) para o astral inferior; ele chegou, viu e gostou, bateu palmas e ficou... até hoje, fazendo disso seu próprio *habitat*.

Qual a pessoa que, já tendo um palmo de entendimento, pode aceitar ou conceber que "orixá" bebe sangue de bicho?

Nem o mais simples dos protetores de qualquer médium de qualquer corrente, mormente da de Umbanda, aceitaria o sangue até de um mosquito, quanto mais de bicho, em sua intenção ou em sua louvação...

Eis por que as forças negras do mal têm trânsito livre em certos Estados do Brasil, especialmente no Estado do Rio de Janeiro, em São Paulo, na Bahia, em Pernambuco, no Rio Grande do Sul etc.

E uma das provas de que o império do fetichismo pegou mesmo está na grande variedade de estátuas, introduzidas nestes últimos anos no comércio do gênero, fruto das inovações ou das concepções comuns aos "catimbós".

Pode-se observar nas casas que vendem "santos" e fetiches outras mil bugigangas, disfarçadas de ervanário ou de casa de artigos religiosos de Umbanda, desde as mais inverossímeis estátuas de exú, até de sereia, pretos-velhos e caboclos, que videntes fantásticos batizaram com os nomes de pai fulano, caboclo sicrano, exú esse, exú aquele, tudo de parelha com as já famosas e ridículas estátuas de boiadeiro, zé-pilintra, maria essa, maria aquela...

O grau de instrução, ou de ignorância, de um meio pode-se medir, exatamente, pela aceitação dessas estátuas... Felizmente, Terreiro de Umbanda, mesmo, não aceita essas coisas e, por obra e graça do Espírito Santo, ainda existem muitos.

Se o fetichismo, atualmente, está voltado ao apogeu de priscas eras é porque a ingenuidade da massa está sendo trabalhada diariamente, através de certos programas de rádio, revistas, jornaizinhos, e especialmente pela facilidade com que estão propagando obras cuja literatura "canta" incessantemente os maiores louvores ao misticismo e à mitologia africana.

A par disso, os vândalos do Santé se multiplicam, abrindo terreiro, fazendo iniciação, pelas linhas mestras dessa citada literatura...

Eles estão por toda a parte, e os piores propagadores disso, dessas práticas fetichistas, próprias mesmo das nações africanas com 10.000 anos de atraso cármico, são os tais que se rotulam de jornalistas, radialistas, professores, escritores, sumos sacerdotes, supremo reitor... tudo de Umbanda...

Eles sabem o que querem desse povo, pois vivem repisando, diariamente, os mesmos conceitos de misticismo africano e transformando suas lendas infantis até em "tradição oculta".

Até às superstições mais pueris entre os povos da África, por aqui, já deram o cunho de mistério da "magia africana vermelha"... Sim! Porque até isso já inventaram, a fim de sugestionar a massa dos crentes para suas "cavernas"...

Os técnicos nisso são os mesmos politiqueiros fracassados que conseguiram "colunas doutrinárias" em certos jornais e em certos programas de rádio.

Mais uma vez — e sempre que tivermos oportunidade — alertamos aos verdadeiros crentes de Umbanda, para que se previnam. Entrem em guarda contra essa "turminha" e contra esses "terreiros" com cheiro de "catimbó sujo", já conhecidos por esses quatro cantos do Estado do Rio de Janeiro, notadamente Rio de Janeiro, Caxias, Nilópolis, Belfort Roxo, São João do Meriti, que vivem de fazer o santo ou de passar o "conto-do-orixá", arrogando-se poderes de manipular o dom da mediunidade, por oferendas, camarinhas, "obis" e "orobôs"...

Nesses antros de ignorância e sujeira astral, onde os vis apetites de pessoas viciosas são acolhidos e alimentados através das mais baixas práticas de magia-negra, estão enquistados os mais rebeldes e endurecidos focos da quiumbanda, ou seja, de tudo quanto se pode classificar como marginais do baixo-astral...

São esses grupamentos humanos e astrais que dão o maior trabalho à Corrente de Umbanda, aos seus guias e protetores — caboclos e pretos-velhos incansáveis, que são obrigados a se desdobrar dia e noite, numa incessante ação de fiscalização.

De uns tempos para cá, cresceu assustadoramente o número de "babás-mulheres" que passaram quase que a dominar o meio, tal a facilidade que têm de impressionar, apoiadas no tipo de astúcia já por nós denunciado.

Terreiro em que a "babá" é mulher nova, cresce do dia para a noite, todo mundo ajuda.

Mas, também, como são vivas, para tratar de certos casinhos; como sabem alimentar os mexericos, os disse-me-disse, as rivalidades sutis entre o elemento feminino etc.

E depois, acontece que quase todas são excessivamente vaidosas, puxam pela roupagem do santo, pelos colares vistosos, pelos bordados (aqui temos que fazer uma grande ressalva: — estamos nos referindo a esse tipo de "babá-mulher", espécie de aventureira de santo, muito comum hoje em dia, pela facilidade com que adquirem diploma de yalorixá em qualquer "pai-de-santo ou mãe", em qualquer "federação" etc. Jamais poderíamos incluir nisso essas abnegadas irmãs de fé, devotadas médiuns da Umbanda de verdade e por quem temos especial respeito, como elementos indispensáveis num Centro ou Terreiro. Essas, jamais desceriam de suas condições morais-espirituais, para chafurdarem nesse "santo-rebolado" que as aventureiras utilizam como "bandeira e abre-caminho" para o arreglo e "outras coisas más") etc.

O mais triste e doloroso, em tudo isso, é ver com que velocidade caminham — "as babás do rebolado" — para os braços desse tão mencionado astral inferior, especializado em atraí-las com toda sorte de velhacarias, usando de artimanhas quase que infalíveis, por meio de determinados estímulos e projeções fluídicas em seus "pontos mais fracos".

É bem possível que muitos, ao lerem isto, deduzam apressadamente que possamos ter algum despeito, algum complexo contra o elemento feminino. Pelo contrário (as nossas amizades mais firmes sempre foram do lado feminino), assim procedemos justamente impulsionado pelo nosso comando vibratório, dentro da linha de apoio e defesa que a mulher merece, por ser, realmente, a parte mais fraca, dentro desse intrincado "métier" espirítico-mágico.

É bem sabido que a mulher é mais mística do que o homem, usa muito a imaginação, por isso é mais propensa a um estado anímico que o homem. Enfim é muito mais sensível. Mesmo levando-se em conta, que são mais astuciosas e têm mais penetração e envolvimento, porque esses atributos são suas "armas naturais", e com esses elementos, quando querem, reviram tudo, o fato é que isso são "armas" que lhes dão sempre a vitória nas lides pessoais, emocionais, sentimentais, enfim nas coisas em que empenham o coração...

Todavia, nada valem em relação com o astral inferior. Ele abe que, entre o coração e a cabeça, a mulher cai mais pelos impulsos do coração... que é fraco, não pensa friamente...

Para concluir, levantamos, neste final, um grito de alerta aos pais, esposos, noivos, irmãos, de mulher e de donzela médium de terreiro: — cuidado com elas, irmãos; zelem por elas, não as deixando cair desprotegidas nas mãos desses pretensos pais-de-santo ou dessas "babás do santo rebolado"...

Olho vivo — irmãos! É melhor prevenir que remediar.

UMBANDA E O PODER DA MEDIUNIDADE. CONSERVE O SEU MEDIUNATO. A MAGIA E O SEXO DO MÉDIUM. AS TRÊS CATEGORIAS MEDIÚNICAS. A RESTRIÇÃO AO ELEMENTO FEMININO. OS ITENS A-B-C-D-E-F E SUAS CONSIDERAÇÕES. O ADENDO A

Médiuns, mediunidade, "mediunismos", animismo — quanto não se tem falado e escrito a respeito...

Há dezenas e dezenas de anos, ou melhor, há mais de um século o dom da mediunidade e seus múltiplos aspectos foram e continuam sendo debatidos, através de vastíssima literatura que, desde o princípio, ergueu-se, cresceu como um gigante e esparramou-se por toda parte, sempre firmada num certo conceito doutrinário de Allan Kardec...

Esse conceito doutrinário, ou foi um lapso de interpretação de Kardec, ou foi fruto de má tradução do original e se vem conservando assim, ou, ainda, pode ter sido um ponto de vista pessoal que ele quis firmar, a fim de propagar com mais força a sua "Doutrina dos Espíritos", em virtude da grande controvérsia suscitada e dos ataques que sofreu, pois a paixão dominava seus opositores, naquela época...

Tanto é que ele, Kardec, em seu "Livro dos Médiuns", capo XIV — pág. 166 (21ª edição), começa afirmando uma coisa de uma maneira um tanto vaga e no final tenta consertar, o que faz quase incisivamente...

Essa questão é a seguinte. Kardec diz que todo mundo ou que todas as pessoas são médiuns e logo a seguir faz uma espécie de retificação.

Vamos transcrever, literalmente, para que o leitor possa meditar e tirar suas próprias deduções: "**Todo aquele que sente, num grau qualquer, a influência dos Espíritos é, por esse fato, médium. Essa faculdade é inerente ao homem; não constitui, portanto, um privilégio exclusivo. Por isso mesmo raras são as pessoas que dela não possuem** alguns rudimentos. Pode, pois, dizer-se que todos são, mais ou menos, médiuns. Todavia, usualmente, assim só se qualificam aqueles em quem a faculdade mediúnica se mostra bem caracterizada e se traduz por efeitos patentes, de certa intensidade, o que então depende de uma organização mais ou menos sensitiva" etc. (o grifo é nosso).

Por aí — pelo próprio Kardec — subentende-se claramente que a criatura que se pode considerar médium mesmo, positivo, de verdade, tem que ter algo de diferente das outras criaturas, ou seja, uma organização especial, isto é, certas aptidões ou qualidades excepcionais em seus organismos físico e astral propriamente ditos.

Não vamos repisar esse assunto, que já debatemos em outra obra nossa, mas foi sobre essa primeira afirmação de Kardec, logo no início do parágrafo, que toda a literatura, toda a linha doutrinária do chamado kardecismo se firmou para propagar a doutrina; fizeram disso o "cavalo de batalha", tocaram-lhe as esporas, empunharam a lança e trombetearam: "todo mundo é médium, é só desenvolver".

É o caso que se vê nas sessões kardecistas ou nos centros dessa corrente: — todo mundo por ali é considerado "médium", dá passes, recebe e transmite mensagem etc., no entanto, as mensagens mesmo, levadas em consideração como sendo de fato e de direito são as do Chico Xavier...

Assim é que podemos dizer, sem temer estarmos incorrendo em erro ou precipitação, que o animismo (essa espécie de excitação psíquica, de sugestão mística, de "fanatismo" espirítico) está liquidando o que resta de mediunidade nos raros médiuns que ainda possam ser encontrados alhures...

Pois, assim como afirmamos, desde 1956, em nossa obra "Umbanda de todos nós", que a mediunidade estava sendo frenada, cancelada mesmo por efeito da execução de uma lei que qualificamos de retração, agora, mais do que nunca, reafirmamos essa verdade: — a mediunidade (isto é, a faculdade mediúnica através das humanas criaturas) está em franca decadência, faliu...

Não é fácil de se encontrar, atualmente, muitas pessoas que tenham conservado a sua faculdade mediúnica em estado positivo...

E no que toca às sessões kardecistas, o que há mesmo é muita doutrinação, muito palavratório incisivo, "mecanizado", muitas mensagens e comunicações anímicas. Enfim, muita gente a falar bonito, mas mediunidade mesmo, que é boa e que resolve, nada, sumiu como por encanto.

Mas deixemos de lado a questão dos "mediunismos" que possam acontecer por aqueles lados — do kardecismo — e passemos a falar do poder da mediunidade ou do mediunato de Umbanda (escolhemos esse termo do "Livro dos Médiuns", do mencionado Kardec, por se aproximar bastante do sentido ou do valor dado aos médiuns próprios da Corrente Astral de Umbanda. "Mediunato — disse um espírito a Kardec — é a Missão providencial dos médiuns"), porque, agora sim, é que a coisa vai ficar preta mesmo...

Ora, para que o assunto que vai entrar possa cair na cadência, temos de dizer que qualquer um pode escrever ou falar da mediunidade e de médiuns, dos fenômenos correlatos baseado apenas no que leu e aprendeu nas obras do gênero, na doutrina dos Centros e no que viu em suas sessões...

Tudo isso está dentro de um certo padrão, ou segue sempre, direitinho, as linhas justas do "figurino" traçado pela literatura dos interessados...

Porém, falar, escrever, debatendo, escoimando, ensinando, elucidando sobre esse "tipo" de mediunidade que se processa pelos terreiros de Umbanda, é preciso estar bem por dentro de seu intrincado *métier*, e no mínimo ser um médium de sua faixa, porque ninguém pode levantar doutrina baseado tão somente no que os outros dizem sentir sobre os fenômenos das incorporações dos caboclos e pretos-velhos.

Notem, dizem sentir, porque entre sintomas neuroanímicos, sugestões propriamente ditas ou fanatismo místico e vibrações de contatos neuromediúnicos de fato há uma grande diferença. Há que saber escoimar. Há que saber discernir, senão confunde-se tudo, confundindo-se os outros, principalmente os inexperientes...

E para que se possa falar sobre esses problemas é preciso que se saiba o bastante sobre o poder do mediunato da Corrente Astral de Umbanda.

Portanto, abordemos a questão dizendo, de início, que ser um médium de Umbanda, isto é, um veículo dos espíritos de caboclos, pretos-velhos e outros de dentro da faixa, é uma condição excepcional, por ser, por sua vez, consequência de uma escolha especial, feita no plano astral antes mesmo de o espírito encarnar...

E essa escolha especial é feita de acordo com vários fatores de ordem astromagnética (isto é, de um processo apropriado sobre o corpo astral do ser que vai levar a faculdade mediúnica) ou energética e por uma seriação de ligações morais-espirituais, envolvendo também determinadas aquisições, débitos e inclinações; enfim, por um conjunto de ligações cármicas-afins com essa citada Corrente de Umbanda, quer no plano superior, quer no médio e no inferior, dos desencarnados e dos encarnados...

Porque uma criatura pode ser médium, seja lá de que modalidade for, inclusive, é claro, de incorporação, de outras correntes ou setores, porém, esse dom não a condiciona a se transformar num veículo próprio dos espíritos de caboclos e pretos-velhos, crianças e muito menos de exú... espíritos esses que têm por função mediúnica exclusiva militar na Corrente de Umbanda e sobre aparelhos pré-escolhidos, desde quando desencarnados, como dissemos...

Se por acaso fazem mistura, ou, por força de uma circunstância qualquer, um seu veículo é forçado a baixar numa sessão kardecista, ou de mesa, de outro ambiente qualquer, uma coisa é certa: — está deslocado de sua faixa, de sua corrente ou de seu ambiente vibratório de trabalho, de ação e reação inerentes à Umbanda (veja-se, no final deste capítulo, o Adendo A, que se entrosa comeste tópico).

E ainda temos a acrescentar o seguinte: — o mediunato mesmo, isto é, a missão providencial, especial, com ordens e direitos de trabalho mágicos ou de magia dentro da Umbanda, só é conferido a médium do sexo masculino...

Mas, por que (surpreso, irmão?) essa escolha? Porque somente o médium masculino tem condições vibratórias para operar na Magia, em face dos elementos de ligação e de força que os espíritos de caboclos, pretos-velhos, exús e outros põem em ação, através de sua mediunidade, tendo em vista os inevitáveis entrechoques do astral inferior, que esse mesmo médium foi preparado para enfrentar, devido à sua própria natureza vibratória de elemento masculino, o que implica em dizer: pela qualidade energética de seu sistema nervoso ou de suas linhas de força (ou corrente de energia especial dos chacras, não sujeita ao catamênio, ou seja, à influência lunar), preparadas sob condições especiais...

Todavia, com isso não queremos dizer que, ao elemento feminino tenha sido negada a condição de ser médium de Umbanda — dos caboclos, pretos-velhos etc. Não!...

A condição de ser também veículo dos espíritos de caboclos, pretos-velhos e outros a elas foi dada, porém como auxiliar, nunca na posição especial de comando vibratório igual ao do homem, em face das injunções de sua própria natureza feminina, sujeita, muito mais, à vaidade, à versatilidade, à excessiva imaginação, sobretudo passiva de sua vibração em relação com o fluxo mensal e à influência da Lua.

Não queremos dar opinião definitiva nessa questão de MAGIA, MULHER e LUA, porque teríamos de levantar um véu perigosíssimo, completamente vedado aos não iniciados ou profanos.

Cremos que, em face das explicações dadas, podemos deduzir que a faculdade mediúnica conferida à mulher para funcionar dentro da Umbanda não vem acompanhada do direito e da competente cobertura espiritual para operar na Magia e que, por extensão, lhe é vedado, também, consagrar ou preparar qualquer outra pessoa, no sentido direto do que na Umbanda se tem como uma Iniciação (que nos candomblés se tem como "feito no santo" ou "fazer a cabeça" etc.).

Portanto, cabe-nos dar o brado de alerta aos que já tenham adquirido um palmo de entendimento: — se Você for médium-homem e tiver sua Iniciação consumada ou sua "cabeça feita" por médium-mulher, deve procurar o quanto antes a cobertura de um comando vibratório masculino, ou seja, de sexo igual, porque, para essa questão de mediunidade ou de Magia de Umbanda, seu chacra ou sua glândula pinel deve estar fora de sintonia...

E quanto ao grande número de "babás-mulheres" que descambaram para certas práticas de magia-negra e que, por via dessas coisas, ainda se arrogam o direito de consagrar, "fazer cabeça" e até mesmo toda espécie de "confusão mágica", usando exclusivamente, os conhecimentos aprendidos a olho nu, de terreiro a terreiro — isso é questão de livre-arbítrio de cada uma.

Porque, protegidas ou com o consentimento de espíritos na categoria de guia se protetores da Lei de Umbanda — essa é que não! Porque eles sabem muito bem qual é a significação da lei — isto é, sabem que a mulher não foi capacitada para casos de semelhante natureza. A cada um é dado comportar-se segundo a força ou a qualidade de sua natureza vibratória... essa é a lei.

E é por isso que estamos vendo as mulheres praticando a Umbanda (mais do que os homens) loucamente, insensatamente, multiplicando os terreiros, pela sugestão de tanto bordado, rendinhas, fitinhas, coisinhas bonitinhas, arranjadas pelo seu gênio inventivo ou por suas inclinações. Por isso é que gostam de se enfeitar com esses lindinhos colares de louça e vidro multicores (miçangas) e com os ditos de pena e, ainda por cima, pintam as unhas "pra receber o caboclo".

Irmão, Você será capaz de "resistir", ou de poder se concentrar, olhando um "caboclinho" nessas condições?

Irmão — veja se Você se lembra qual o poeta que escreveu isto: — "Vaidade, Vaidade, teu nome é mulher"...

E certos "médiuns-homens?" Esses, coitados, já sugestionados com tanto aparato, tanta coisinha bonita e vendo o domínio das mulheres crescer assustadoramente e açambarcar o meio com tanto terreiro vistoso, passaram a imitá-las...

Qual! Se podemos aceitar a vaidade da mulher (e nos é natural essa aceitação), mil vezes, como arranjamos uma desculpa para aceitarmos a tola vaidade desses paspalhões? Os verdadeiros médiuns da Corrente Astral de Umbanda, que foram surgindo desde que e a iniciou seu movimento propriamente dito sobre o Brasil e por dentro dos cultos afro-brasileiros, têm que ser, forçosamente, enquadrados nestas três categorias: A) — os de carma probatório ou de simples função mediúnica-auxiliar; B) — os de carma evolutivo ou dentro do mediunato, ou seja, de uma missão[6] providencial, salvadora etc.; C) — os de carma missionário ou dentro do duplo-aspecto — o do mediunato e do grau de médium-magista... Passemos a definir o melhor possível essa questão um tanto complexa, difícil de ser explicada pela palavra escrita, pois nisso é que está a chave de todas as confusões reinantes... Na categoria A pode-se enquadrar a maioria dos médiuns que surgiram até o momento.

---

6   Não confundir a criatura-médium, dentro de seu mediunato, que não deixa de ser também uma missão providencial, porém mais afeita à fiel execução da faculdade mediúnica com a criatura-médium de um carma missionário, isto é, que sempre encarna com uma tarefa especial que abrange vários aspectos, sempre de acordo com o valor de seu grau de iniciação. Aquele pode ter recebido a missão do mediunato, talvez pela primeira vez e ainda sem ter nenhum grau de iniciação, por isso se classifica como de carma evolutivo; e este último, não: o seu grau de missionário já o acompanha, no mínimo, por mais de três reencarnações.

Umbanda e o Poder da Mediunidade   89

Esses médiuns-homens foram surgindo dentro de suas simples funções mediúnicas e sob a cobertura dos caboclos, pretos-velhos e outros, no grau de protetores auxiliares de um plano mais inferior[7].

Foram surgindo, simplesmente, como médiuns de função auxiliar, devido mesmo a certas injunções da natureza cármica ou do plano mental em que estão situados.

Os protetores que lhes deram ou dão cobertura também desceram ou vieram, dentro de certas restrições, de certa ação limitada, porque não estão na categoria de magos, não alcançaram ainda a ordenação completa para todos os trabalhos. Não estão capacitados, ainda, para assumir responsabilidades de tamanho vulto.

Todavia, como auxiliares dos outros protetores de graus mais elevados e dos guias, podem, dentro de certo âmbito, manipular determinados aspectos de ordem mágica, assim como agir (debaixo, sempre, da orientação ou da supervisão dos maiores) ou manipular certas oferendas simples; as rezas, os passes, as descargas ligeiras, certas afirmações e fixações leves, tudo de acordo com as suas capacidades ou conhecimentos relativos, de protetores-auxiliares[8]...

Dentro, ainda, dessas condições estão incluídos os médiuns do sexo feminino da Corrente Astral de Umbanda. Foram e são, invariavelmente, médiuns de função-auxiliar, também[9].

Jamais receberam a outorga do Mediunato do Magismo, isto é, a dupla condição que o grau de médium-magista traz (bem entendido: — essa limitação, essa restrição, é imposta, exclusivamente, dentro da

---

[7] Ver nossa obra "Umbanda de todos nós", que define, num mapa, essa classificação por planos e graus.
[8] Nesse meio ou categoria, alguns desses médiuns podem evoluir para condições auxiliares superiores, dados os naturais impulsos de evolução dos mais credenciados ou predispostos, e ainda pela circunstância de terem recebido a cobertura mediúnica de um grau mais elevado.
[9] Evidente que não temos autoridade para criar tal restrição à mulher na Umbanda. Essa restrição é tão antiga quanto a Terra. Na própria Bíblia (que realmente diz muitas verdades), Moisés já confirmava toda uma remotíssima Tradição, quando, falando sobre a formação da mulher, em Gênese, Cap. 2, Vers. 18, assim grafou: — "Disse mais o Senhor Deus: Não é bom que o homem esteja só; far-lhe-ei uma auxiliadora que lhe seja idônea". Portanto cumprimos tão somente a nossa pequenina parte dentro da Umbanda... lembrando a lei.

Corrente Astral de Umbanda ao elemento feminino, devido, justamente, a que essa corrente tem, como uma de suas mais fortes "razões de ser" ou como vértice principal de seu Movimento Vibratório de Ação e Reação, a força ou os poderes de manipulação dentro da MAGIA).

Porque o simples fato de fazer oferendas, certas afirmações, certas descargas, ou certos movimentos leves ou de superfície, de ordem mágica, não implica em que se esteja, diretamente, dentro de uma força mágica completa.

Não implica, absolutamente, em que se inclua isso na categoria de poderes inerentes a um mediunato ou na de um genuíno médium-magista...

Oferendas diversas, todo mundo pode fazer, dessa ou daquela forma (flores, perfumes, certas bebidas, certos materiais), mesmo que já esteja dentro de um ato mágico ou da magia, porém restrito ao âmbito comum, limitado, de seu real movimento, de sua completa ação, que abrange muitos outros fatores, não facultados ou não adequados, justamente, à capacidade de médiuns e de protetores na função de auxiliares...

Para isso, ou para essa classe de médiuns ou de crentes, foi que lançamos várias obras, em que constam várias formas de oferendas, dentro de certos movimentos de ordem mágica ou de magia, para auxiliá-los nos primeiros passos ou nas suas possíveis andanças e práticas errôneas a esse respeito.

Foram ensinamentos que se impuseram, para alertá-los e socorrê-los...

Na categoria B, pode-se enquadrar ainda essa ou aquela pequena parte de médiuns-homens que receberam a outorga do mediunato, ou seja, uma missão providencial, salvadora, dentro da Corrente Astral de Umbanda...

Esses médiuns vieram sob a cobertura dos espíritos de caboclos, pretos-velhos etc., num grau de protetores mais elevados, alguns até no grau de Guias.

Sobre essa questão de mediunato é que o leitor deve se aplicar mais, lendo e relendo, para melhor discernir sobre a Umbanda tal como é, e não como parece ser.

Vamos situá-la por itens: A) Temos a considerar que os verdadeiros médiuns da Corrente Astral de Umbanda, dentro do mediunato, têm surgido em pequeno número. Surgiram como veículos para execução de certos poderes maiores de ordem mágica, terapêutica, espirítica etc. Em suma, vieram para dar sequência a uma série de fenômenos ou de ações úteis, práticas, em benefício de seus semelhantes, por força da ação de algum Guia de ligação ou de seus protetores mais afins.

B) Se eles cumprirem a missão mediúnica com dignidade, isto é, jamais quebrando a linha moral que lhes foi traçada, não abusando de seus poderes ou de suas proteções afins, especialmente para objetivos escusos, não se desviando para a exploração, e sobretudo não se deixando fascinar pelo prestígio e pela adulação que fatalmente cercam todo médium BOM, e ainda não se deixando enredar nas malhas do SEXO ou do sensualismo acabam se elevando à altura de atingir a Iniciação Astral ou o grau de médium-magista...

C) Dessa forma, no momento em que qualquer desses médiuns estiver cada vez mais capacitado, seus protetores — devido à sua linha de progresso e justa conduta — começam a lhes ensinar muita coisa, assim como o segredo decertas ervas e sua respectiva manipulação, quer para a parte terapêutica propriamente dita, quer para a parte de efeitos mágicos das defumações, dos banhos e fixações ou "amacy".

D) De par com isso, começarão a lhes revelar também certos mistérios da natureza: o ritual certo, a oferenda certa e mais profunda, dirigida aos elementos das matas, das águas de um modo geral, das pedras, da terra, bem como certos segredos da encruzilhada e outros pontos vitais... já dentro de um sistema mais vasto no âmbito direto da Magia Branca mormente quanto à sua defesa pessoal...

E) Ele já estará caminhando, na altura em que melhor estiver se capacitando, para ultrapassar o aprendizado dos 49 meses, a fim de receber a iniciação astral verdadeira e pode até, de acordo com os seus méritos, receber o grau de médium-magista (atenção: — fator que é logo definido com a "chegada" de seu guia ou protetor responsável, desde o princípio de suas manifestações). Tudo que ele fizer dentro dessa iniciação ou desse mediunato — dessa missão providencial — ainda estará sob a orientação ou as ordens diretas desses protetores ou do guia que por merecimento lhe coube...

F) Por isso é que ele não pode ainda penetrar no âmbito da lei de salva, isto é, fazer qualquer cobrança legal sobre qualquer trabalho de Magia por conta própria, porque, ainda não adquiriu (ou não trouxe) a dupla condição de ser também um médium-magista, questão delicadíssima, que logo abordaremos, *em detalhes...*

Porque, a parte que define o ser ou não ser um médium-magista está ligada, para melhor entendimento, a essa outra parte que define os direitos da lei de salva... em face da magia e da competente outorga.

Por causa dessa questão do ter ou não o direito da salva é que os guias e protetores costumam ajudar muito os seus corretos aparelhos na vida material deles, para que gozem de certo descanso, do conforto necessário, para que tenham relativa saúde e paz de espírito, pois sem esses elementos ninguém pode dedicar-se à prática da caridade com abnegação ou boa-vontade...

Peçamos a alguém que esteja mal nutrido e preocupado com c feijão e arroz, que vai ou não comer no dia de amanhã, "para fazer uma caridade, ou para pôr em ação seus dons mediúnicos ou seus poderes psíquicos", para ver se esse operador pode fazer isso de boa-vontade, ou se pode operar dentro de boas condições...

Todos esses fatores dão ao médium da Corrente Astral de Umbanda muito prestígio, mas também lhe abrem as portas da sedução da vaidade e das facilidades com o elemento feminino e com dinheiro...

É lamentável dizê-lo, mas temos observado, em nossos 42 anos de militância e estudo no meio umbandista, que foram bem poucos os médiuns observados que se aguentaram com a mediunidade positiva até o fim. A maioria fracassou logo nos primeiros anos...

Tem sido difícil para a grande parte de médiuns-homens segurar seus protetores por mais de 7 anos. Nesse prazo acontece sempre a fatal decaída, pela repetição de erros de aspecto moral e outros... E quanto à grande parte de médiuns femininos, são raros os que seguraram por mais de 3 anos.

Uns e outros descambam sempre para um lado ou para o outro; o fato é que caem, deixam-se envolver e depois querem sustentar as glórias do passado pelo animismo, pela mistificação e coisas ainda piores.

Já o dissemos e vamos repetir: é um fato consumado a decadência da mediunidade, seja onde for!

Chafurdaram, mercantilizaram o dom mediúnico de tal forma, envolveram-no em práticas tais, que foi impossível aos caboclos e pretos-velhos permanecerem.

É inadmissível querer passar atestado de imbecilidade aos guias e protetores, chamando-os ao som de berros, esgares, contorções, samba de tambor e palmas, com miçangas, com charutos e o diabo a quatro!

Onde já se viu tamanha onda de fetiches e bugigangas ser atribuída aos caboclos e pretos-velhos de Umbanda?

Onde já se viu tantas estátuas pavorosas, ridículas, serem entronizadas a pai esse, pai aquele, caboclo tal e qual, exú disso e daquilo?

Onde já se viu tanto fetichismo grosseiro empurrado como mística de Umbanda?

Onde já se viu tanta literatura rasteira, com cheiro de ebó, doutrinar tanta infantilidade, com o "imprimatur" de certas federações e uniões de "umbanda"?

E é por isso tudo que nunca proliferou tanto "pai-de-santo e tanta mãe disso e daquilo", como agora por esses brasis...

Transformaram a Umbanda numa INDÚSTRIA RENDOSA que começa nos terreiros e acaba nos "ervanários ou nas casas de artigos religiosos de umbanda", onde se vende de tudo, desde o "pozinho que mata, até o pozinho que suscita paixões, faz mudanças, abre caminhos" etc...

Santo Deus! Como essa massa ingênua que gira nos terreiros gosta de ser enganada, ou melhor — de comprar ilusões...

Dizer-se diretamente a muita gente boa que pula e grita nos terreiros, tidos e havidos como "médiuns", que não têm caboclo, nem preto-velho na "cabeça", é o mesmo que pedir "um fuzilamento"...

Ninguém, absolutamente, quer largar o privilégio de ter "o seu caboclo, o seu preto-velho e o seu exú"...

E por conhecer, justamente, o ponto-fraco dessa gente boa é que espertalhões estão por aí, vivendo à tripa forra e até entendo política...

Eles estão por aí mesmo, gritando no rádio, na televisão, nos jornais, nas revistas, nos livros a sua profissão de fé... "umbandista".

Até os "pais-de-santo" fracassados, alcoólatras inveterados, são decantados por essa gangue do "santo", vendedores de orixá!

Agora, irmão, talvez você seja mesmo um digno médium umbandista, sincero, firme e decidido, na fé ou na confiança desses inigualáveis amigos do astral — nossos caboclos e pretos-velhos, dessa nossa muito querida e muito sagrada Umbanda. E assim sendo, vamos então expor para você o que é a Magia em face da Lei de Salva, das operações mágicas, de abuso e outras coisas mais... depois que ler o ADENDO A.

ADENDO A — Porém, nesses últimos anos, a Corrente Astral de Umbanda já começou a proceder também a uma certa interpenetração pela Corrente Kardecista, de vez que foi reconhecido pelo Astral Superior que ela está altamente necessitada desse reforço direto...

Estamos quase em posição de poder afirmar ser um dos objetivos da Corrente de Umbanda a absorção da chamada Corrente Kardecista para o seu sistema vibratório.

Que os irmãos kardecistas não considerem isso uma "heresia", pois, se nos louvarmos na indiscutível mediunidade do Chico Xavier, encontraremos nas comunicações que recebeu dezenas de referências, entre as quais destacamos essa do Irmão X (Humberto de Campos): "feliz daquele que tem como protetor um caboclo ou um preto-velho"...

E tanto essa afirmativa do Irmão X é uma incontestável verdade, que o próprio Leopoldo Machado — um dos maiores vultos do Espiritualismo no Brasil — acabou abrindo largamente os braços e o coração à Umbanda, pois não é segredo que tenha sido curado de uma ferida na perna, por um "preto-velho" dessa mesma Umbanda que ele tanto criticara. Essa entidade foi Pai Antônio...

Assim, achamos até ridícula a aversão que certos meios ou setores kardecistas têm pela Umbanda, isto é, pelos espíritos de caboclos e pretos-velhos...

Está-nos parecendo que nossos irmãos kardecistas (com muitas e honrosas exceções) só leem as obras de Kardec por alto... ou então não levam na devida conta o que elas ensinam...

Deviam tomar contato também com a realidade umbandista através de sua legítima literatura... Atualmente — irmãos "espíritas" — a Umbanda possui sólida literatura ou o seu próprio sistema filosófico, científico, metafísico, espirítico, fenomênico, mágico, ritualístico, terapêutico, doutrinário bastante definido...

Não cabe mais aquela opinião apressada do Dr. Wantuil de Freitas, Presidente da Federação Espírita Brasileira, quando sentenciou: "A Umbanda é Espiritismo prático, mas sem doutrina"...

Cremos que, atualmente, esse ilustrado espírita não pode mais dizer a mesma coisa...

É interessante ainda lembrarmos aos irmãos kardecistas que esses pretos-velhos que eles tanto temem, por julgá-los (por ignorância) espíritos atrasados, estão, de vez em quando, curando, ajudando e dando lições aos doutrinadores ou orientadores de maior relevo do citado meio espírita...

O próprio Dr. Wantuil de Freitas conta, em certa parte daquele seu opúsculo intitulado "Uma Entrevista Sensacional", as provas que recebeu de um "preto-velho de terreiro", o Pai Francisco em 1932... Esse preto-velho orientou-o, ajudou-o em várias circunstâncias que ele ressalta em seu opúsculo e no final ainda lhe deu uma belíssima lição... de sabedoria e humildade.

Conta o Dr. Wantuil de Freitas que, após esses contatos que teve com Pai Francisco, indo à sua costumeira sessão kardecista, lá comentou com o médium, senhora C, que tinha ido a uma sessão de Umbanda...

Essa senhora o censurou por se ter metido "nesse meio perigoso", impróprio para um homem de sua condição social, cultural etc...

E aconteceu que, quando deram início à sessão, pela tal médium, senhora C, manifesta-se um Espírito, que logo consideraram de grande elevação. Disse o Presidente da Federação Espírita Brasileira, textualmente:

"Todos estávamos perplexos com a beleza doutrinária de sua explanação, como concatenado brilhante de suas frases, com os profundos conhecimentos evangélicos que nos apresentava, com tudo enfim". Falou por algum tempo, e, após ligeira pausa, continuou o mesmo Espírito:

"Meus amigos: Dirigir-me a vós, que já compreendeis os vossos deveres, que já procurais aumentar os vossos conhecimentos através da leitura de boa sobras, que já sentis a grandiosidade do Espiritismo, é fácil, é missão sem dificuldades e sem espinhos, mas dirigir-me a criaturas ainda distanciadas das lições do Cristo, ainda presas às coisas da Terra, às coisas das religiões em que foram criadas, é bem difícil, é sacrificial. Esses irmãos, entretanto, precisam ser amparados e encaminhados, e Espíritos existem que escolhem essa missão, descendo, às vezes, de outros planos e adotando processos que possam tocar aqueles corações preparando-os para o futuro que a todos espera. Eu sou Pai Francisco, o mesmo que atendeu o irmão Wantuil, através de um 'cavalo', e que aqui não se manifestaria se não fora a ordem recebida do guia de vossos trabalhos. Ficai na Paz do Senhor."

Como vê, caro leitor, aqui não há mais comentários a fazer.

Outra figura de relevo, escritor, espírita, em sua excelente obra "Afinal, Quem Somos?", por sinal, honrada com um magistral prefácio de Monteiro Lobato, descreveu logo de início por que se tornou espírita.

Conta o senhor Pedro Granja que, em certa altura da vida, "impelido por determinadas contingências", chegou à conclusão de que "o belo e o fraterno" não existiam.

"Assaltados pelos ecos da razão, a fé periclitou e a descrença se foi infiltrando em nosso espírito."

"Difamados por intrigas mesquinhas, éramos mordidos pelas serpentes da calúnia e da inveja no mais puro de nossos sentimentos: a lealdade."

Enfim, o Sr. Pedro Granja foi vítima de insidiosa calúnia e sofreu em silêncio seu duro abatimento moral.

Quando tudo isso se passava em sua vida, foi convidado a assistir a uma sessão espírita e aceitou.

Foi descrente, desiludido. E lá, apesar disso tudo, quem o salvou? — isto é, quem levantou sua fé quase morta?

Foi um "preto-velho" que abordou o seu caso diretamente, a razão de seus sofrimentos, tudo com precisão, acabando por dizer-lhe que, em menos de 10 meses, "o desenrolar de certos fatos" poria à tona a sua inocência, a sua dignidade etc. E tudo aconteceu conforme o previsto por esse "preto-velho"... E esse espírito, essa "Sombra Amiga", como o chamou depois, que o orientou, ajudou e salvou daquele atordoamento moral, segundo suas próprias palavras... "aparentava o guinholesco sotaque africano"...

Se quiséssemos, citaríamos mais exemplos dentro do próprio meio kardecista. Então, para que essas intransigências, "esses preconceitos de cor... espírita", se irão, fatalmente, cair no seio humilde dessa Umbanda de todos nós?

ELEMENTOS DE MAGIA SEXUAL

Correlações: — AURAS Compatíveis e Incompatíveis

O comando cerebral que promove as cargas energéticas mentais positivas e negativas. A qualidade dos pensamentos que forma e altera a AURA de uma pessoa. Vampirização astral e humana.

J

Pensamentos são fluidos mentais ou correntes eletromagnéticas que podem atuar a qualquer distância, de acordo com a intensidade e o objetivo.

J

O AURA de uma pessoa se forma pela força das projeções vibratórias de seu psicossomatismo e pode se alterar para mais ou para menos, ou seja, do positivo para o negativo, tudo ligado às condições de saúde ou vitalidade dessa mesma pessoa:

Enfim, o AURA de uma pessoa é a emanação total de sua vitalidade psicofísica, que envolve o seu corpo como um halo colorido. Pode ser fotografado, pois ainda não é a alma ou o espírito dela.

Vampirização é o ato ou ação astral ou humana de sugar de outrem sua energia.

Subsídios

A eletrônica avançada investigou e comprovou da geração e o uso da eletricidade ou dos fluidos eletromagnéticos, nos animais e no homem. O fato de que todos os seres vivos geram ondas eletromagnéticas, já era conhecido há mais de 2.000 anos. Toda vida animal depende da luz do Sol. O Sol inunda o espaço com as ondas eletromagnéticas e muitas delas são captadas pela Terra. A eletricidade e as ondas de rádio pertencem à família das ondas eletromagnéticas, os músculos e os nervos, principalmente o cérebro, com mais de 10 milhões de neurônios sensitivos (há quem afirme, de 16 a 30 milhões), emitem e captam correntes eletromagnéticas. Existe um constante fluxo e refluxo de elétrons em nosso corpo e cérebro.

Há comprovações científicas de que existe uma correlação entre as variações no campo magnético terrestre com os distúrbios psicológicos em seres humanos. O perfeito controle de nosso sistema nervoso é promovido por semicondutores orgânicos, que são dispositivos eletrônicos vivos[10]. O cérebro gera sinais ditos de AM e FM. O homem já pode gerar conscientemente impulsos de ondas de rádio de alta frequência. Existem ondas cerebrais de ritmo alfa que, com a ajuda de equipamentos eletrônicos apropriados, podem comandar um interruptor simples do tipo liga-desliga.

Experiências com esse tipo de ritmo alfa através do assentamento dos eletrodos de um eletroencefalógrafo no couro cabeludo de uma pessoa, na região occipital, puderam ligar e desligar uma lâmpada (através de circuitos apropriados).

Pois bem: esse tipo de onda ritmo alfa é um dos maiores geradores e dinamizadores do AURA de uma pessoa. A potência de sua carga emissiva e receptiva depende das condições neuropsíquicas da pessoa. São essas condições que formam cargas energéticas positivas ou negativas — depende. Além disso, essas ondas ou fluidos magnéticos, que são potenciados pelas imagens mentais que uma pessoa tem e alimenta, ainda promovem colorações especiais, que passam a circundar o cérebro (a cabeça) e irradiam pelo corpo todo. A isso se diz AURA TOTAL.

Exemplificações... para o ângulo da Magia Sexual

Os AURAS de dois parceiros em permuta sexual, movidos pelo simples desejo carnal, ficam de colorido sanguíneo e fatalmente, depois

---

[10] Podemos indicá-los (fora do corpo astral) no corpo físico (especialmente no cérebro, pela hipófise e daí até a próstata) em todo aquele sistema de elementos celulares nervosos — os neurônios, com seus Somas, Dendritos, Axônios etc...

do ato, há insatisfações psíquicas... Caem numa espécie de "vazio mental". A permuta sexual, com participação afetiva, amorosa, entre duas pessoas, modifica seus AURAS para um colo- rido vermelho puro, com reflexos amarelados. É benéfica, dá satisfação e descanso, isto é, produz uma descontração geral.

J

O AURA de uma pessoa com cargas energéticas mentais excessivamente autoritárias e que costuma exercer forte domínio sobre outra, fica cheio de bolhas grená. É o tipo de AURA de percussão e que também agride a vitalidade e sensibilidade do parceiro. A parte contrária percutida pode ressentir-se e, nesse caso, vai enfraquecendo e toma uma coloração verde-cinza. E, se houver permuta sexual, a parte dominada perde energias ou fluidos vitais e pode ficar com a chamada AURA histérica ou de insatisfação, ou revolta, passando a sofrer de dores de cabeça, nervosismo e angústias... Isso se estende, também em grau muito maior, a quem padece e aplica o ciúme com intensidade... sobre determinado parceiro.

J

Os AURAS de duas pessoas em permanente conflito de ideias ou de imposições mútuas, se alteram tremendamente e tomam o colorido cinza-escuro, com reflexos sanguíneos: transformam-se em AURAS de desgaste ou de cargas energéticas em choque. Podem provocar doenças, assim como derrame, enfarte, distúrbios circulatórios, espasmos nervosos etc... E, por outro lado, permuta sexual entre ambas por muito tempo, pode provocar na mulher até o câncer uterino ou disfunções fortes do aparelho genital, fibromas, frigidez etc. No homem pode levar a doenças da próstata e à impotência.

J

O AURA ou as cargas energéticas mentais de uma pessoa que odeia, toma a coloração vermelho-escura, dito vermelho-roxo. Essa corrente mental é agressiva, essencialmente contundente e, conforme a intensidade fere o corpo astral da pessoa visada (pela projeção potenciada pelo negativo de ondas do ritmo alfa), provocando intenso mal-estar nela, assim como irritabilidade, mau humor constante etc. O emitente que odeia fica cheio de revolta com tudo e com todos e acaba sofrendo das coronárias com pressão sanguínea alta ou baixa, úlceras, gastrites etc... Não é conveniente para o sensitivo manter permuta sexual com parceiro que padece de ódio crônico.

J

O AURA alimentado por cargas energéticas mentais de uma pessoa que padece de intensa inveja da outra, toma uma coloração roxa, e é uma das piores correntes mentais, de vez que se torna altamente vampirizante, sugadora, porque pode agir deprimindo a parte visada. Vai atuando por sucção atrativa fluídica sobre as linhas de força ou de vitalidade da outra, provocando bocejos, dores de cabeça, e pelo corpo, com intenso mal-estar psíquico, que pode vir com depressões, insônias etc., além de bloquear no trabalho ou nas atividades funcionais, se a parte visada for desprevenida ou do tipo sensitivo. E se por acaso houver permuta sexual entre um par nessas condições é um desastre; acaba em aversão profunda do parceiro visado pelo outro. Agora também é certo que o invejoso cria em torno de si a chamada AURA repulsiva ou antimagnética

J

O AURA de pessoas doentes toma a coloração de dourado bem pálido.

J

O AURA de pessoas bondosas, positivas, magnéticas, é alimentado por cargas energéticas de ondas ritmo alfa potenciadas e toma a tonalidade do dourado com bordas azuladas, conforme as vibrações afins emitidas...

J

O AURA do médium-magista ou mesmo do médium iniciado que exercita sua atividade, psíquica e mediúnica positivamente, toma colorações que vão das variações do azul às do amarelo-ouro. O AURA do médium de cura, se positiva, toma o colorido de verde puro...

J

O AURA ou a corrente mental do amor e carinho que uma pessoa possa emitir constantemente sobre outra é altamente benéfico, especialmente se essa pessoa que emite é magnética e exercita poderes psíquicos e mediúnicos. Forma em torno da outra o chamado AURA de proteção, porque envolve em ondas ritmo alfa altamente potenciadas.

J

AURAS ideais: duas pessoas que tenham ideais, pontos de vista, fortes tendências semelhantes, estão vibrando em ondas ritmo alfa da mesma qualidade, portanto, estão em permuta mental positiva, dinamizando suas próprias linhas de força ou de energia, criando um campo de força ou de defesa maior para os seus AURAS, isto é, podem formar uma dupla carga energética positiva contra baixas influências, além de erguer uma intensa corrente psicofísica de atração sexual elevada e altamente satisfatória, compensadora, revitalizante, de descontração. Essa citadas condições de AURAS ideais são altamente aconselháveis para o médium-magista ou mesmo para uma pessoa que aplique seu potencial mediúnico com intensidade.

Sua permuta sexual teria que se pautar pela seleção de um parceiro adequado. Caso contrário seu PES ou seu AURA vai sofrer impactos pelo atrito das ondas mentais de baixa frequência que se sujeita a absorver de um parceiro inadequado, prejudicando assim o ritmo vibratório de seus chacras.

J

Há de se levar na devida conta, expressamente, esses citados fatores, quando a vampirização parte do mundo astral por entidades negativas ou de atuação mandada. As entidades do baixo-astral agem por sucção ou percussão contundente e constante sobre determinados chacras do corpo astral da pessoa visada, debilitando-os e provocando os mais sérios distúrbios no campo físico e psíquico do dito paciente...

J

Enfim: individualidades encarnadas e desencarnadas, mesquinhas, egoístas, arrogantes, maldosas, invejosas, odientas, podem prejudicar terrivelmente a outrem, através da emissão de ondas semelhantes às do ritmo alfa negativas. Todavia, convém lembrar que há defesas e até repulsões violentas, dentro da Magia Branca, contra esses citados ataques.

Esses fatores são ângulos da Magia Sexual, que é uma ciência esotérica, que podem ser correlacionados com tipos hormonais masculinos e femininos, pelos signos, dentro dos elementos fogo, terra, água e ar e pelo cabalismo afim... Correlacionados, é claro, por um médium-magista e clarividente...

Elementos de Identificação para o Clarividente

I. O AURA da pessoa com ódio apresenta ou gera irradiações mentais em formas de garfo ou tridentes.

II. O AURA da pessoa com inveja: formas mentais em cone ou um V deitado.

III. O AURA de pessoa excessivamente autoritária ou agressiva: formas mentais em gancho.

IV. AURAS de atrito ou choque: formas mentais como um X. V. AURAS de bloqueio: irradiações mentais (da cabeça) em forma de linhas curvas.

VI. AURAS de desgaste: irradiações mentais (da cabeça) com formas bem acentuadas de ganchos.

Conselhos para quem se sentir visado ou atingido por um desses ou mais fatores:

a) procure um médium-magista de verdade... e, se não achar...

b) banhos de essência de verbena (homem) e alfazema (mulher), assim: 7gotas de alfazema pura, num litro com água; despejar da cabeça para baixo, mentalizando a cor amarela, o mais intenso que puder:

c) ou então, faça mais forte, assim: 7 gotas de essência pura de verbena(homem) ou alfazema (mulher), num litro de água pura do mar ou de uma cachoeira ou de chuva; despejar da cabeça para baixo, no banho, é claro, porém, já na sua hora planetária (hora de seu planeta) e no segundo, terceiro e quarto dias da fase da lua cheia... várias vezes, até se sentir bem, sempre nessa fase.

3ª PARTE
O QUE É UM MÉDIUM-MAGISTA. A FÚRIA DO BAIXO-ASTRAL. A LEI DE SALVA E SUA REGRA DE COBRANÇA LEGAL. COMPENSAÇÃO E DESGASTE. O ABUSO E AS CONSEQUÊNCIAS. A DECAÍDA

Todos sabem que a Corrente Astral de Umbanda não é, nunca foi, nem tem nenhuma semelhança com o sistema kardecista.

Tanto manipula a direita como a esquerda, isto é, tem como parte integrante de seu movimento ou de sua razão de ser o uso das forças mágicas ou de Magia.

Com isso não fica subentendido que toda pessoa médium de Umbanda possa manipular essas forças, fazer "trabalhos" — não!

Porque fazer "despachos", ebós e outros arremedos, qualquer "iniciado" por aí, por essas "quimbandas", pode fazer, porém não quer dizer, absolutamente, que esteja autorizado, que possua a necessária competência...

Quem é que não sabe (hoje em dia) botar cachaça, charuto, farofa, dendê, pipoca e até galo preto com alguidar nas "encruza", bem como levar sua oferendazinha de flores às cachoeiras, ao mar ou às praias com suas velinhas?

Quem é que não sabe, hoje em dia, em qualquer "terreiro", fazer "uma lavagem de cabeça"?

De tanto ver repetirem-se as mesmas baboseiras, qualquer um desses "médiuns" corriqueiros acaba sabendo a coisa de cor e salteado...

E justamente baseados nessa espécie de aprendizado é que muitos sabidos abriram terreiro, bancando o "pai-de-santo", fazendo "camarinha", vivendo folgadamente... dinheiro, prestígio e... mulher, o que importa em dizer: — destroçando a vida já ruim de muita gente boba. Mas, não fossem os ingênuos, de que viveriam os espertalhões?

Porém, isso não é, nunca foi, a Magia de Umbanda. Não é bem com esse material que se faz nem mesmo a própria magia de "quimbanda"...

Esses tipos de oferendas ou de elementos materiais podem servir, sim — não diremos o contrário —, mas para o "pessoal" da quiumbanda, o que é muito diferente.

Porque — aí está uma grande chave da magia-negra: fazer a entrega desse tipo de oferenda para os quiumbas, por intermédio da "encruza" de exú, também tem seu segredo. Tanto é que o verdadeiro médium-magista jamais cairá na asneira de se comprometer diretamente com esses marginais do baixo-astral. Entenda a coisa quem quiser e puder...

Laboram em lamentável erro os que se metem nisso sem estarem dentro do poder de seu mediunato ou sem a outorga da condição especial de ser um médium-magista, quer pelo próprio conhecimento que só vem em relação como seu grau de Iniciação, quer pela competente cobertura astral ou espiritual — de seus guias e protetores.

E esses guias e protetores só assumem essa cobertura total quando o médium é, de fato, um iniciado, traz o grau que lhe confere o uso ou a manipulação dessa mesma magia, do plano astral, antes mesmo de encarnar ou quando faz jus a esse grau, depois do competente aprendizado dentro da função mediúnica e consequente mérito.

A criatura médium assim definida é que se pode qualificar positivamente de médium-magista de Umbanda.

Somente esse é que pode lidar com os mistérios da Magia-Branca e muito especialmente com os espinhos perigosos do lado chamado magia-negra.

Ninguém pode enfrentar a fúria do astral inferior contrariado, sem os indispensáveis escudos de defesa, senão tomba vítima das ciladas que lhe são armadas, mesmo que tenha protetores ou que seja um médium de Umbanda.

E uma das maneiras, das mais eficazes, de que o astral inferior se serve para derrubar um médium-magista (isto é, aquele que tem outorga, cobertura, os conhecimentos mágicos próprios para enfrentar esse astral) é tentando fazê-lo infringir a regra da lei de salva... através de sutis projeções sobre seu campo mental, na forma de flechadas fluídicas, para estimular um exagerado interesse pelo dinheiro ou a ganância.

Mas o que é, em verdade, a lei de salva?

Tentaremos explicar isso direitinho, pondo os pontos nos is, que é para tirarmos a máscara de muitos falsos "chefes de terreiro" ou "babá", ou que outro qualificativo lhes queiram dar, que fazem disso a "galinha de ovos de ouro"...

Essa lei de salva é tão antiga quanto o uso da magia. Existe desde que a humanidade nasceu.

Os magos do passado jamais se descuidavam de sua regra, ou seja, da lei de compensação que rege toda e qualquer operação mágica, quer seja para empreendimentos de ordem material, quer implique em benefícios humanos de qualquer natureza, especialmente, nos casos que são classificados na Umbanda como de demandas, descargas, desmanchas etc. Dessa lei de salva, ou regra de compensação sobre os trabalhos mágicos, nos dão notícias certos ensinamentos esotéricos dos primitivos magos ou sacerdotes egípcios com a denominação de lei de Amsra...

Nenhum magista pode executar uma operação mágica tão somente com o pensamento e "mãos vazias" — isto é, sem os elementos materiais indispensáveis e adequados aos fins...

Essa história de pura magia mental é conversa para entreter mentalidades infantis ou não experimentadas nesse mister.

Qualquer ato ou ação de magia propriamente dita requer os materiais adequados, sejam eles grosseiros ou não. Vão dos vegetais às flores, aos perfumes, aos incensos, às plantas aromáticas, às águas dessa ou daquela procedência até o sangue do galo ou do bode preto. A questão é definir o lado: — ou é esquerda ou é direita, negra ou branca.

Ora, como toda ação mágica traz sua reação, um desgaste, uma obrigação ou uma responsabilidade e uma consequência imprevisível (em face do jogo das forças movimentadas), é imprescindível que o médium-magista esteja acoberto ou que lhe seja fornecida a necessária cobertura material ou financeira a fim de poder enfrentar a qualquer instante essas possíveis condições...

Então é forçoso que tenha uma compensação. Aí é que entra a chamada lei de salva, ou simplesmente a SALVA...

Mesmo porque, todo aquele que, dentro da manipulação das forças mágicas ou de magia, dá, dá e dá sem receber nada, tende fatalmente a sofrer um desgaste, pela natural reação de uma lei oculta que podemos chamar de vampirização fluídica astral, que acaba por lhe enfraquecer as forças ou as energias psíquicas...

E naturalmente o leitor, se é um médium iniciando de Umbanda, nessa altura deve estar interessadíssimo em saber como será essa compensação. Claro, vamos dizer como é a regra, para que você possa extrair dela o que o seu senso de honestidade ditar: "de quem tem, peça três, tire dois e dê um a quem não tem; e de quem não tem, nada peça e dê até de seu próprio vintém"...

Cremos que isso ficou bem claro. Todavia, vamo-nos entender melhor ainda.

É claro que essa lei de salva ou de compensação, própria e de uso exclusivo em determinados trabalhos de magia, não pode ser aplicada em todos os "trabalhinhos" corriqueiros que se pretenda serem de ordem mágica.

Para isso — já o dissemos — só quem pode manipular a magia da esquerda e da direita, na Umbanda, é o médium-magista (e naturalmente as entidades — caboclos e pretos-velhos e outros, também quando outorgados ou capacitados para isso). E já definimos como ele é, porque "todo operário é digno de seu salário".

Já o próprio Kardec reconhecia algo sobre a função mediúnica retribuída, mesmo levando-se na devida conta que, por lá, os trabalhos de certos médiuns não abrangiam um âmbito mágico propriamente considerado, quando fez, após uma série de ponderações de ordem moral sobre o papel do médium, a seguinte observação, muito positiva até: — "Postas de parte essas considerações morais, de nenhum modo contestamos a possibilidade de haver médiuns interesseiros, se bem que honrados e conscienciosos, porquanto há gente honesta em todos os ofícios. Apenas falamos do abuso. Mas é preciso convir, pelos motivos que expusemos, em que mais razão há para o abuso entre os médiuns retribuídos, do que entre os que, considerando uma graça a faculdade mediúnica, não a utilizam senão para prestar serviço.

O grau de confiança ou de desconfiança que se deve dar a um médium retribuído depende, antes de tudo, da estima que infundam seu caráter e sua moralidade, além das circunstâncias. O médium que, com um fim eminentemente sério e útil, se achasse impedido de empregar

Umbanda e o Poder da Mediunidade   109

o seu tempo de outra maneira e, em consequência, se visse exonerado, não deve ser confundido com o médium especulador, com aquele que premeditadamente faça da sua mediunidade uma indústria. Conforme o motivo e o fim, podem, pois, os Espíritos condenar, absolver e, até, auxiliar. Eles julgam mais a intenção do que o fato material "(pág. 347 — "Livro dos Médiuns"[11] — 21ª edição). Transcrevemos isso para que a intransigência kardecista (há honrosas exceções), quando "sentar o pau na Umbanda", inclua nisso o seu idolatrado Kardec...

Bem, um médium-magista de fato, compenetrado de suas responsabilidades e bastante tarimbado nas lides da magia, sabe que a qualquer momento pode estar sujeito a enfrentar os choques do astral inferior que ele combateu, mesmo porque, de tempos em tempos, precisa, inapelavelmente, refazer energias, tudo a par com certas afirmações ou preceitos especiais que sua atividade astral, espírita ou mágica requer, além de ter sempre que se pautar por um sistema de alimentação especial, e uma exemplar conduta sexual, bem como, pelo menos uma vez por ano, se afastar para o campo para haurir os ares da pura natureza vegetal.

Por tudo isso ele pode aplicar a lei de salva, que é faculdade que lhe foi dada, de ser compensado nesses gêneros de trabalhos.

Enquanto se conservar ele cônscio desses direitos, e cônscio também do equilíbrio da regra, tudo está certo e tudo lhe correrá bem...

Mas o que tem acontecido a muitos? Começam abusando da regra da lei da salva, começam a cobrar em demasia, já sem levar na devida conta quem tem mais ou quem tem menos, sem destinar coisa alguma a obras de caridade, deixando-se dominar pela ganância. Passam até a inventar que tudo é magia-negra, e que os que os vão procurar, para qualquer serviço ou com uma mazela qualquer, estão "magiados" e arrancam dinheiro "a torto e a direito", aponto de, para manter tal situação, terem que derivar para a magia-negra mesmo...

Nessa altura — é lógico — já escorregaram para a exploração e já devem estar conscientes de que a qualquer instante podem entrar na "força de pemba", porque erraram, continuam errando, infringiram as regras da magia, da qual também eram (dentro de seus graus) uns guardiães...

---

11   Transcrição literal.

É triste vermos como a queda desses verdadeiros médiuns-magistas é vergonhosa, desastrosa até...

Começa a acontecer cada uma a esses infelizes!

Desavenças no lar, separações, amigações, neuroses, bebida, jogo e uma série de "pancadarias" sem fim, inclusive o desastre econômico, com a perda do meio de vida regular que tinham, e, no final de tudo, verdadeiros trapos-humanos, atiram-se à sarjeta...

Mas não devemos confundir os casos de decadência com essa coisa que anda por aí, generalizando como "umbanda", com seus centros ou suas centenas de terreiros onde se pratica de tudo, onde todo mundo é "médium, é pai-de-santo, é babalaô", faz e desfaz, quer para explorar o santo, quer por vaidade, quer por ignorância, e até para fins politiqueiros...

Aí, sim, é que o negócio assume proporções incríveis, das quais — confessamos — não nos apraz ocupar, em todos os seus ângulos[12].

Todos esses "iniciados no orixá do santo ou no santo do orixá" praticam e ensinam a seus adeptos ou "filhos de santo" a praticar as coisas que eles aprenderam, e fazem como "magia-de-umbanda" ou — pasmem! — como "magia vermelha africana"...

Santo Deus de Misericórdia! Como essa gente se "especializou" em atrair e alimentar essa quiumbanda sorrateira e voraz.

Como essa gente se "enterra" e como empurram os outros para o mesmo buraco...

Como essa gente faz preparações, batismos, confirmações, despachos, trabalhos e o diabo a quatro, sem medir consequências, porque não têm nem consciência do que fazem!

Por causa disso — podemos afirmar com pleno conhecimento de causa — 90%desses tais terreiros vivem aos "estouros".

De vez em quando os jornais publicam cada uma!

O caso é que, se fosse apenas sobre eles — os pretensos chefes de terreiro — que a pancadaria astral descesse, vá lá! Mas o retorno, quando

---

[12] Nós temos um fichário dessa "turminha" que é uma beleza. Fizeram das suas há 10 ou 15 anos, e pensam que o tempo apagou...

Umbanda e o Poder da Mediunidade   *111*

vem (e está sempre funcionando), se espalha por tudo quanto é "médium" e gente mais chegada ao mandão e... na hora de a "cobra piar", é um tal de correr gira, é um tal de querer escorar-se nos outros terreiros, que só vendo!

Nessas horas é que o corre-corre assume nuanças que vão do medo, que domina as consciências pesadas, ao desespero e ao ridículo.

Por quê? Nenhum chefe de terreiro que se julgar sabido quer botar as "mãozinhas" nessas "cumbucas" cheias de saúvas... tem medo também de ser "mordido", mesmo porque, se a barba do vizinho ardeu, o melhor é botar a nossa de molho, e esse negócio de amparar "filhos errados ou em estouro de outra gira" não é negócio mesmo...

E ainda sobre essa questão de ser ou não ser um médium-magista ou um simples médium de Umbanda, vamos tentar elucidar mais uma faceta.

Já dissemos que nem todos os médiuns de Umbanda são magistas, nem todos receberam essa condição especial, essa outorga...

Diremos mais: nem todos os caboclos e pretos-velhos e outros têm, também, essa outorga ou essa ordenação, esse direito de lidar com as forças mágicas ou de Magia...

Surpreso, irmão umbandista? Pois bem, nem todos os protetores da Corrente de Umbanda estão no grau de Guias e de outros mais elevados. A maioria é de protetores auxiliares, que ainda não subiram à condição daqueles, isto é, de serem aceitos ou filiados à Corrente Branca dos Magos do Astral.

O que lhes estará faltando para isso?

A competência exigida? A experiência indispensável? A sabedoria adequada? Os segredos da ciência mágica? Uma complementação de ordem cármica?

Talvez tudo isso, ou parte disso, para poder entrar nessa citada ordenação. O fato é que nem todos os caboclos, pretos-velhos etc. têm as ordens e os direitos de trabalho para entrar com as leis da magia na órbita mediúnica de uma criatura médium de Umbanda...

Por isso é que eles se definem logo, no princípio positivo de suas manifestações, dizendo: — trago esta ou essa ordem, posso fazer isto ou aquilo; vou trabalhar dentro de tal ou qual limite etc...

Agora, se o médium, por conta própria, influenciado pelo que ouve e vê dos outros, e para que não o julguem mais fraco, começa a fazer aquilo que não deve, ou a querer botar a mão onde não alcança, fiado na sua simples cobertura mediúnica, está errado, vai-se embaralhar, vai-se perder.

É bom lembrarmos, com relação ao exposto, que cada qual usa de seu livre-arbítrio como quer; nem Jesus pode limitar o exercício do livre-arbítrio de uma criatura, pois esse foi reconhecido por Deus, já na condição de ser LIVRE, desde o princípio cármico desta via de evolução, até o fim — por toda a eternidade.

Somente Ele — Deus — que está acima de toda e qualquer Lei, é que sabe por que assim foi, assim é e assim será.

E como arremate nesses fundamentos: — um médium de Umbanda pode não ter o grau ou a condição de magista (ser apenas um simples veículo dos protetores-auxiliares, e nesse caso está fora de cogitação que possa ter na sua órbita mediúnica um guia-magista), estar dentro somente dos poderes inerentes a seu mediunato, e ter entre seus protetores mais elevados, um guia, caboclo ou preto-velho, possuidor da Ordenação mágica ou de magia.

Então, esse protetor, esse guia pode — é claro — executar, através do médium, qualquer espécie de trabalho mágico, o que independe do livre-arbítrio do seu médium e de sua condição de ser ou não ser magista. Apenas a salva, para a entidade de guarda do dito médium fica sempre a critério da entidade, que geralmente não pede essa compensação em dinheiro: — ou pede em velas, óleo ou azeite para iluminação do "conga" ou outro elemento qualquer que julgue suprir essa injunção (mesmo que já esteja dentro dos itens A-B-C-D- E-F).

E ainda quanto aos materiais usados na operação mágica ou trabalho, é ainda a própria entidade do médium que costuma pedir ou indicar, pois é ela quem vai operar ou executar.

Finalmente, o que desejamos que fique bastante claro aqui é o seguinte: o médium que não é magista de berço ou que não conseguiu adquirir essa condição, não tem autoridade para fazer trabalhos de magia por conta própria, pretendendo usar para seu proveito a lei de salva, fiado no seu protetor ou guia que é mago. Não!

Ele não lhe dará cobertura para esse fim; essa entidade não pode arriscar-se a infringir a lei que rege o assunto, mesmo porque não costuma acobertar a insensatez ou a ganância do médium e muito menos a sua teimosia, pois, para isso, já deu as diretrizes que ele — médium — deve seguir desde o princípio.

Em suma: — trabalhos de Magia, por conta própria, dentro da lei de salva, só pode manipular o genuíno médium-magista que está outorgado, capacitado para isso; tem ordens e direitos de trabalho e, consequentemente, enquanto obedecer as regras da lei da magia, mormente nas cobranças legais da salva, tem toda cobertura para tudo que fizer.

Fora disso é insensatez, é ignorância, é ousadia, é exploração, é vaidade ou é qualquer coisa que se queira ostentar ou pretender, mas, nunca, o uso de um direito que só tem quem pode...

E ainda dentro desse arremate final, sobre tão complexo assunto, estamos certos de que o leitor (se for frequentador de terreiro, se está mais ou menos familiarizado com "certos trabalhinhos", relacionado com uma aflição sua ou com alguma necessidade para a qual se valeu deles ou mesmo se for um elemento "vivo" ou um estudioso do dito assunto) deve estar pensando no caso desses "trabalhos" que fazem na chamada quimbanda ou no dito como "catimbó".

Isso é magia-negra? Isso tem lei de salva? Bem, prezado irmão leitor, para ocaso da chamada quimbanda, aí está mais uma faceta nodosa de difícil explicação.

Geralmente todos pensam que as espécies de "trabalhos" que são executados naqueles lados, tudo é magia-negra...

Não é bem assim, mas esse conceito serve para uma tomada de orientação geral. Magia-negra é todo um sistema de *operações*, no qual o *operador* é um mago negro que age com os necessários conhecimentos para essa ou aquela finalidade negativa e, muitas vezes, mesmo dentro do seu citado sistema, age também para fins *positivos*.

A diferença que existe para a magia-branca é que, naquela o magro negro emprega outros materiais, grosseiros, próprios para certas forças ou determinada classe de espíritos (mais grosseiros ainda.).

Por ali, a salva ou pagamento é regra obrigatória em tudo e para tudo. Ali não se faz e nem se conhece diferença da regra. Tampouco se cogita das leis da magia.

Dizem os magistas que a força mágica ou de magia é uma só. Segundo a operação ou o operador é que pode ser *atraída* para a direita (magia-branca) ou para a esquerda (magia-negra) isto é, toma a tonalidade e muda sua corrente segundo a lei de atração ou do plano mental e material inerente ao sistema que impera no ambiente ou nas práticas empregadas pelo mago negro.

Todavia, há uma diferença fundamental, e essa é a seguinte: todos os trabalhos executados pela chamada quimbanda e cujo operador ou médium tenha a sua força psíquica ou medianímica feita ou entrosada nesse sistema, estão, fatalmente, sujeitos ao retorno cármico e à queimação final por todo astral negro que ele usou.

Esse retorno vem tão depressa que o carma do "quimbandeiro" atinge um certo transbordamento. Nenhum jamais escapou à inflexibilidade dessa lei. Eles estão por aí, caminhando a passos largos para o alcoolismo crônico, para o câncer, para a tuberculose, para as neuroses irreversíveis e para as obsedações que têm levado muitos ao suicídio e aos hospícios. Agora, quanto à magia-branca, não há retorno cármico, nem queimação sobreo operador ou médium-magista.

Pode haver contra-ataques, ciladas etc., do astral inferior que ele combate, mas isso não é um retorno cármico, porque o uso da magia-branca é sempre positivo; qualquer trabalho feito por ela implica numa finalidade positiva, num benefício. Portanto, não há queimação, que é uma espécie de cobrança do astral inferior, que foi usado e que, nunca satisfeito, faminto, via de regra, se volta todo contra o mago negro. Não lhe dá a libertação ou melhor, jamais larga a presa ou tira as "garras" de cima do infeliz mago, para marcá-lo até o seu desencarne, como mais um para o lado dele — desse astral inferior.

E com relação ao tal de catimbó, hoje em dia perfeitamente disfarçado de candomblé, só podemos dizer que é um sistema tão degenerado, que nem se pode, em sã consciência, compará-lo nem com quimbanda, nem com magia-negra. Aquilo que fazem por aí é pura bruxaria, é algo que seria até aberrante enquadrar na magia-negra, porque nem na chamada quimbanda fazem as coisas nefandas que por ali realizam.

Basta dizer que no puro catimbó nem exú tem vez. Não se trabalha ali com essa classe de espíritos. Só podemos adiantar que as suas chamadas "linhas de mestres e mestras", encantados etc., são compostas de tudo aquilo que até dentro do que mais baixo existe no astral inferior é recusado...

São entidades que podemos classificar como a escória de tudo que existe no baixo-astral. Por isso elas — essas entidades nefandas — se juntaram em maltase se constituíram em algo separado, formando uma corrente própria, sem obedecerem a nada, a não ser aos desejos e sensações várias, que os tornam afins.

Os elementos humanos que praticam isso, acobertados por esse tipo de entidades, são os mesmos da corrente, com a diferença apenas de se encontrarem encarnados.

Para que se tenha uma ideia sobre o intrincado "métier" das chamadas "linhas do catimbó", com seus "mestres e mestras", seria preciso militar no meio por alguns anos; tomar contato direto com a fala dessas entidades que por ali baixam e trabalham.

Já dissemos que eles se juntam em agrupamentos afins no astral, formando cada uma dessas junções ou agrupamentos um sistema de ação própria, que geralmente é dirigido por um chefe o "rei"; portanto, formam-se em "reinos", sob o comando de um mais temido entre eles, quer por seus conhecimentos, quer por sua atuação decisiva nas mais intrincadas demandas ou malefícios.

Assim é que determinados "mestres encantados" — como dizem por lá — pertencem a determinados "reinos", como os de Juá-jucá, Cipoal, Ondinas e outros.

Não quer dizer que esses "mestres de linhas" sejam, rigorosamente, espíritos atrasados, ignorantes, no sentido de que lhes falte certo gênero de sabedoria, de experimentações. Não!

Muitos que por ali são "mestres" já passaram por inúmeras encarnações. Foram até reis, príncipes, grandes sacerdotes etc.

Faltam-lhes, porém, o entendimento espiritual, ou seja, adquiriram através de milênios, por suas ações e reações, tão terrível endurecimento espiritual, a ponto de construírem um carma tão negro e com tamanho entrelaçamento de causas e efeitos, que dificilmente se dão conta de suas situações, tal o cascão que os envolve.

Um dia, naturalmente, um raio de luz espiritual por ali há de penetrar... mas, até lá, quanto tempo ainda levarão dentro desse estado de consciência?

Acontece cada caso interessante dentro desse sistema conhecido como catimbó! Por exemplo: se um "aparelho juremado" como chefe, tem sua mediunidade afim a um "mestre X", do reino de Juá-jucá, outro pode tê-la afim pelo seu "mestre de cabeça", ao reino do Cipoal ou de Ondinas etc...

Todos estão dentro desse sistema já citado como "catimbó", porém, com ações e reações ou execução de trabalhos independentes ou particulares...

Tanto é que pavorosas demandas tem havido entre catimbozeiros, implicando isso também em lutas astrais de "reino a reino". Cada "mestre de linha" que atua através de certo aparelho não quer perder de forma alguma para outro "mestre de linha" de outro "reino"...

Essas lutas ou essas demandas de reino a reino produzem como que uma espécie de divisão de forças negras; e é por isso que o império do astral inferior ainda não atingiu as proporções desejadas por eles — os magos negros — no plano físico propriamente dito...

Essa luta entre os próprios do baixo-astral é tão antiga quanto o orgulho, a ambição e o desejo de poder entre a maior parte dos seres encarnados e desencarnados; haja vista que o desaparecimento da Atlântida e da Lemúria se verificou por causas cósmicas e devido, principalmente, à malversação dos poderes mágicos, os quais foram extensamente usados uns contra os outros, chegando ao ponto de produzir os desastres de que nos fala toda a Tradição Oculta...

Em suma: — abusaram da magia-negra a tal ponto que se fez necessária uma execução cármica pelo Governo Oculto do Mundo, ou seja, pela Confraria dos Espíritos Ancestrais...

COMO MANTER O SEU MEDIUNATO. AS 12 OBSERVAÇÕES VITAIS. DEFENDA-SE DO ASTRAL INFERIOR. A OBSERVAÇÃO ESPECIAL. YALORIXÁ SÓ PODE SER SACERDOTISA DE FUNÇÃO AUXILIAR. O COMANDO VIBRATÓRIO FOI SEMPRE MASCULINO. AS MULHERES PRETENDEM INVERTER A REGRA DO ARCANO. UMA ALTERAÇÃO DE CARÁTER GENÉTICO NA RAÇA PRÉ-ADÂMICA E O DESVIO. A PRECIPITAÇÃO SEXUAL DE EVA — A MULHER — E A SUA CONDENAÇÃO PELO SENHOR DEUS, SEGUNDO MOISÉS, O MAGO. O HERMAFRODITISMO. O "PARAÍSO" E O CANCELAMENTO OBRIGATÓRIO NA FUNÇÃO GERADORA. O PRÓPRIO PAULO, O APÓSTOLO, REAFIRMOU A PALAVRA DIVINA E A LEI CÁRMICA QUE SITUARAM A MULHER, EXCLUSIVAMENTE, NA FUNÇÃO AUXILIADORA. O ADENDO B. O ADENDO C

Irmão — se você sabe conscientemente (isto é, se não é um desses que costumam cair sempre na conversa manhosa de certos pais-de-santo que conseguem sugestioná-lo, dizendo que você é o tal, tem "guias maravilhosos" e uma mediunidade formidável, para segurá-lo no seu terreiro, para interesses diversos) que tem mediunidade de fato, ou que tem o mediunato em si e pretende conservá-lo, preservando-o das confusões reinantes, das influenciações negativas dos ambientes afins, e das consequentes e fatais de caídas, convém meditar seriamente no que se segue, caso esteja mesmo frequentando algum terreiro, por não ser, ainda, dirigente de nenhum...

1º) Observar, serena e friamente, o ambiente moral e astral do terreiro que frequenta...

Verificar, de alguma forma, se o médium-chefe tem boa conduta, ou seja, se tem moral suficiente para tal encargo...

Veja se ele é dos que alimentam casos amorosos dentro do terreiro, mesmo sendo solteiro ou viúvo, pior ainda se for casado. Caso afirmativo, não se iluda — "quem não tem moral, não tem caboclo, nem preto-velho de verdade"...

Não caia na asneira de deixar que um quiumba, através de "mediunidade" desse tal chefe, possa influenciar seu aura e mesmo ditar preceitos e sobretudo "pôr as mãos sujas em sua cabeça"... Entendeu?

2º) Veja se no terreiro (mesmo que o chefe tenha boa moral com o elemento feminino) ocorre certa ordem de trabalhos pesados, envolvendo oferendas grosseiras, para fins escusos, a poder de dinheiro...

Se isso acontece, tenha cautela! Não bote suas mãos nesse lado astral, pois isso é uma perigosa armadilha, um jogo duvidoso com as forças negras, que sempre "explodem" pelo retorno, no entrechoque dos apetites desse mesmo astral inferior.

Em suma — se você tem participado dessas coisas a pedido do tal médium-chefe, pode crer que está, também, endividado. Sua parte na "pancadaria" e no "estrondo" final é certa...

3º) Veja se no terreiro ocorrem frequentemente mexericos, rivalidades, brigas, desentendimentos entre médiuns...

Se acontece muito isso — tenha cuidado! É sinal, inequívoco, de que o ambiente já foi invadido pela quiumbanda solerte, traiçoeira.

Você, assim, está-se expondo ao ricochete dos outros; vai receber também a sua parte, dado que você participa desse mesmo ambiente confuso.

4º) Veja se no seu terreiro batem tambores, palmas, "em ritmo de samba", confusamente, barulhentamente, para excitar, movimentar "a roda dos médiuns"... porque, assim, tudo vira agitação psíquica, frenesi, e o animismo vai imperar.

Você pode observar: todo mundo gira, grita, pula e se contorce com o "santo"... imaginário.

E você, que tem mediunidade mesmo, acaba se deixando envolver na onda desse alarido. Então, você ou foge ou tende fatalmente a atrofiar os seus fluídos de contato, as suas ligações, pois, para caboclo e preto-velho de fato chegar (incorporar), precisa encontrar o médium sereno, equilibrado em seu psiquismo e em sua saúde física propriamente compreendida.

Enfim, você deve compreender que a mediunidade requer harmonia pessoal e ambiente adequado.

5º) Veja se o chefe de seu terreiro é dos que vivem levando a turma às cachoeiras e lá procede a disparatados preceitos, com "lavagens de cabeça" envolvendo sangue, bebidas alcoólicas e outros ingredientes pesados...

Fuja de se submeter a essas coisas, porque o único benefício (ou malefício) que você pode obter com isso é sujar seu aura; é ficar encharcado de larvas astrais, que vorazmente se grudarão a seu corpo-astral, a fim de sugar suas emanações, provenientes desses elementos usados, e em face disso, caboclo e preto-velho se afastam cada vez mais de você...

Se duvida do que estamos dizendo (caso já se tenha submetido a tais preceitos), faça um recolhimento, medite honestamente, conscientemente, sobre suas posteriores condições mediúnicas e na certa (se quer ser leal consigo) chegará à conclusão de que suas incorporações estão muito duvidosas.

Irmão — "não compre nem venda ilusões a você mesmo" (Veja no final deste capítulo o ADENDO B, que complementa este tópico)...

6º) Então, se Você é um bom médium (que ainda não está viciado, que ainda não caiu no animismo infantil dos terreiros, que ainda não se deixou sugestionar de formas piores ou pela tola vaidade de ser possuidor do "melhor caboclo, do melhor preto-velho e do exú mais forte". Você precisa saber ou relembrar constantemente, para que possa ir doutrinando seus pares mais atrasados, que existe mesmo grande diferença entre

Umbanda e Candomblé ou ritual de nação africana, questão que fazemos emprenho em definir tanto por aqui, como eles por lá (Veja também o ADENDO C, que diz respeito ao assunto deste tópico).

7º) A Umbanda, prezado irmão, é uma Corrente formada pelos espíritos de caboclos, pretos-velhos, crianças etc...

Nasceu ou foi lançada sobre o Brasil pela necessidade que se impôs, de socorrer essa massa de adeptos dos cultos afro-brasileiros, que vinha e ainda vem sendo arrastada através das práticas do fetichismo africano e do que ainda resta da pajelança de nossos índios, tudo isso se confundindo, hoje em dia, com o que chamam de macumba, candomblé e outras denominações comuns. Mas, no fundo, a coisa que está sendo mais praticada mesmo é o chamado catimbó.

11º) Então, fica esclarecido agora que o mediunato na Umbanda é poder na luz, é mediunidade na harmonia e na caridade, para combater as forças da sombra, da treva, da ignorância...

12º) Caboclos e pretos-velhos não aceitam e até abominam, porque combatem, essas práticas de uso comum nos tais terreiros, que envolvem matança de animais, oferendas grosseiras e similares.

Qual a mentalidade que, tendo uma gota de luz, pode aceitar que lhes "façam a cabeça", botando sangue de animal (também ser vivente) na dita cuja, debaixo da agonia do mesmo, na tola pretensão de firmar um "orixá"?

Só se for um desses orixás do panteão dos deuses da mitologia africana (de sentido puramente imaginário), porque os espíritos da Corrente Astral de Umbanda jamais se prestarão a isso; repugnam-lhes até essas práticas nefandas, negras... que corroem a tela fluídica que reveste o corpo-astral ou perispírito de uma criatura-médium.

Observação especial: Tenha sobretudo cuidado se o chefe do terreiro que você frequenta é "babá-mulher" (queremos lembrar, mais uma vez, que não estamos fazendo aqui, e em outros tópicos, referência direta às genuínas médiuns da Corrente de Umbanda. Estamos diretamente batendo na tecla que incide sobre "a mulher babá dos candomblés e das quimbandas, dos catimbós e outras misturas indefiníveis já existentes em quantidade).

Você deve verificar também se ela está dentro dos itens citados e ainda precisa ter em alta conta o seguinte: — em nenhuma religião do mundo, sistema de iniciação ou escola esotérica ou mesmo na mais simples das seitas que possam existir, a mulher participa na função, ou com o direito ou a outorga de consagrar, sagrar, sacramentar, batizar, preparar, iniciar varões (homens).

Nem nos antigos cultos africanos (puros) dentro de seus legítimos rituais de nação, a mulher teve esse direito, esse comando vibratório, isto é, jamais na verdadeira tradição desses sistemas existiu mulher ou "yalorixá" com o bastão de comando masculino.

"Yalorixá" pode ser sacerdotisa na função auxiliar, como sacerdotisas ou iniciadas existem em todos os sistemas citados, mas nunca — repetimos — lhes foi dada a outorga, a Ordem de sagrar ou fazer a iniciação de varões...

E a veracidade do que estamos afirmando, Você — leitor e médium umbandista — poderá encontrar, se informando. Basta que olhe para a hierarquia religiosa da Igreja Católica Romana...

Você já viu, por acaso, nas igrejas, a mulher (freira, irmã, macé etc.) oficiar missa? Batizar alguém? Ordenar padres e outros?

Quem é o papa, o cardeal, o bispo, o frade, o padre? Homem ou mulher?

Você já viu, no seio da comunidade protestante, a mulher ser ordenada pastor?

Então você deve se convencer de que, desde o princípio do mundo, sempre quem trouxe o direito, a Ordem ou o Comando Vibratório para ordenar foi o homem...

É, porque sempre foi, a ordem natural das coisas Divinas, mágicas, espirituais, que, no fundo, foi uma imposição da própria lei cármica, de vez que o Arcano que podia revelar esse mistério permanece indevassável, pois até Moisés, esse grande mago de todos os tempos, temeu levantar um pouco o seu véu, e assim simbolizou quando, no seu Gênese, disse que a mulher, tendo desrespeitado a ordem divina, deu de comer ao homem o fruto proibido (ou seja, antecipou por conta própria, dentro de seu livre-arbítrio, o segredo do sexo).

O Arcano "diz" que foi nela, dada sua natureza sensitiva mais aguçada, que se complementou mais depressa o plexo sacro (*chacra muladhara*) — enquanto odo homem estava sendo submetido aos últimos retoques, pelos citados técnicos astrais, e por isso é que houve esse tal paraíso, isto é, uma pausa, um cancelamento nos meios de reprodução da espécie, ou, para sermos mais claro: foi reconhecido pelas Hierarquias responsáveis, ou pelos técnicos astrais, que a raça pré-adâmica vinha com certos defeitos de ordem genética, assim, urgia corrigi-los na outra raça já em formação.

Os órgãos genitais, nessa raça, ainda não haviam atingido a necessárias condições calculadas. Com a citada precipitação da Eva — a mulher — houve certos desvios de ordem genética ou técnica e um consequente retardamento, o qual foi quase que totalmente sanado depois de algumas providências. A consequência desse desvio (quando não se enquadra nos casos de viciosidade ou traumas morais-sexuais) ou desse retardamento, ainda pode ser identificada hoje em dia, nos puros casos de hermafroditismo, dentro dos quais muitos e muitos espíritos ainda não atingiram o perfeito equilíbrio técnico vibratório de sua linha de masculinidade ou de feminilidade.

Porque o paraíso, segundo o conceito interno do Arcano, foi uma espécie deparada obrigatória na função sexual dessa raça, conseguida pelos técnicos astrais, através de um certo esquecimento neuropsíquico, a fim de proceder aos reparos técnicos sobre os seus corpos astrais, cujas linhas de força ou de energia tinham que passar por uma eletromagnetização especial, para dinamizar a estrutura íntima dos elementos chamados cromossomos pela ciência, de vez que não atingira ainda o protótipo idealizado pelas Hierarquias, ou seja, o padrão para as raças subsequentes.

Quando Eva — a mulher — precipitou o ato carnal, pelo desejo que nela refloriu mais rapidamente, sofreu em sua natureza fecundante o impacto do elemento viril, masculino, ainda não complementado, causando-lhe, portanto, perturbações...

Eis por que o hermafroditismo se verifica de um lado e de outro. Mas a coisa é tão lógica que, quando a ciência interfere, consegue corrigir e ressaltar a parte original, ou seja, a verdadeira linha afim do ser espiritual.

Para não irmos muito longe, pois, vez por outra, os jornais publicam fatos semelhantes, lembramos o caso do francês que passou a ser a francesa Coccinele.

E foi por isso, e porque foi prevista a consequência dessa infração, ou dessa precipitação, de Eva — a mulher — que, segundo Moisés, o

Senhor Deus, através do alto Mensageiro, exprobou o homem e condenou a mulher da forma que definiu em seu Gênese — Cap. 3, Verso 2:

"Perguntou-lhe Deus (ao homem): Quem te fez saber que estavas nu? Comeste do fruto da árvore que te ordenei que não comesses? Então disse o homem: A mulher que me deste por esposa, ela me deu do fruto da árvore e eu comi".

Logo em Gênese — Capo 3 — Vers. 13, Moisés assim continuou: "Disse o senhor Deus à mulher: Que é isso que fizeste? Respondeu a mulher: A serpente me enganou e eu comi".

Então veio a condenação (o que já definimos como a citada restrição cármica) que se vê em Gênese — Cap. 3 — Verso 16 e 17: "E à mulher disse: Multiplicarei sobre modo os sofrimentos de tua gravidez; em meio de dores darás à luz filhos; o teu desejo será para o teu marido e ele te governará".

"E a Adão disse: visto que atendeste à voz de tua mulher, e comeste do fruto da árvore que te ordenara não comesses, maldita é a terra por tua causa; em fadigas obterás dela o sustento durante os dias de tua vida."

E por alcançar perfeitamente o mistério desse Arcano que agora levantamos, também Paulo — o apóstolo iniciado — já severamente doutrinava em sua Epístola ao Efésios que "As mulheres sejam submissas a seus próprios maridos como ao Senhor; porque o marido é o cabeça da mulher, como também Cristo é o cabeça da Igreja, sendo esse mesmo salvador do corpo".

E é por isso, ou algo relacionado com esse Arcano, que nenhuma Escola de Iniciação do Mundo se atreveu até agora a inverter essa ordem natural... ou essa injunção da própria Lei Cármica...

E então? Por que você permite (ou vai aceitar de agora por diante) que a mulher seja "babá" ou lá o que for, e assuma sobre sua cabeça, ou sobre seu aura, seu corpo astral ou sua tela perispirítica, os direitos de um Comando

Vibratório, se a sua própria natureza feminina foi impedida de executar essas coisas?

Você não sabe que a mulher (especialmente para efeitos de ordem mágica ou de magia) é a parte negativa, úmida, passiva, esquerda, lunar?

Você não sabe que a mulher não tem a próstata (uma glândula seminal, própria do sexo masculino), de poder criador e de função indispensável no kundalini (o fogo serpentino dos hindus, ou seja, energia sexual criadora que fecunda a matriz ou o seio, o mesmo que os órgãos de fecundação da mulher)?

Você não sabe que esse kundalini, ou seja, a energia sexual, é o elemento que sobe para suprir as células cerebrais, através de seus neurônios sensitivos, quando o homem concentra ou desprende energia mental?

Você não sabe que, se a mulher concentrar também, despende energia mental e essa vai toda impregnada da qualidade de sua natureza sexual passiva, sujeita às influências de seu catamênio (regras), por força das quatro fases da lua a que ela está sujeita?

Então, você deve ficar sabendo que isso, em questão de magia, é fundamental! E que você não pode nem deve receber essa impregnação vibratória sobre sua natureza de elemento masculino, positivo, direito, mormente sobre seu plexo ou chacra coronal (é quando a ignorância ou a insensatez do pessoal do candomblé e outros atinge as raias do absurdo, pois justamente na cabeça, na zona correspondente ao citado plexo, é que raspam e botam sangue de animal. Ora, ali, por dentro do crânio, está situada a chamada glândula pineal, considerada a antena da mediunidade. Já imaginou as consequências disso?).

Basta que a mulher esteja de 3 a 7 dias antes de sua fase mensal para que se altere bastante a função receptora e transmissora desse chacra ou plexo...

Poderá você, lendo isto, retrucar que... "não é tanto assim", visto a Umbanda estar toda cheia de "babás-mulheres" com seus lindos terreiros e sua exuberante filharada, inclusive homens, e que todos se submetem a tudo que elas fazem etc., etc.

Ora, caro irmão, há muito cego por aí... pobres irmãos de crença que não leem, e que se transformam, por isso mesmo, em "maria-vai-com-as-outras"... fazem sempre o que lhes mandam fazer, veem o que querem que vejam e ainda ficam felicíssimos somente porque a sua "babá" (ou "babá-homem") lhes garantiu (sugestionando-os) possuírem lindos caboclos na cabeça e que devem ser confirmados... porque tudo vai ficar muito formoso para eles...

Bem, Você não vai querer comparar-se a um desses, vai? Você não vai querer ficar na eterna cegueira, não procurando saber nada, não estudando nada, não indagando nada, para fazer só o que lhes mandam, aceitando tudo, vai?

ADENDO B — Aqui, fugimos de aconselhar aos pais-de-santo, babás e tatas ou chefes de terreiro. Nesses é malhar em ferro frio. É raro o que ainda não se transformou numa fortaleza de presunção e de cegueira espiritual. Só têm olhos "pra seus guias". É precisamente como disse Kardec: — "O orgulho, nos médiuns, traduz-se por sinais inequívocos, a cujo respeito tanto mais necessário se insista, quanto constitui uma das causas mais fortes de suspeição, no tocante à veracidade de suas comunicações. Começa por uma confiança cega nessas mesmas comunicações e na infalibilidade do Espírito que lhes dá. Daí um certo desdém por tudo o que não venha deles: e que julgam ter o privilégio da verdade. O prestígio dos grandes nomes, com que se adornam os espíritos tidos por seus protetores, os deslumbra e, como neles o amor-próprio sofreria, se tivessem de confessar que são ludibriados, repelem todo e qualquer conselho; evitam-nos mesmo, afastando-se de seus amigos e de quem quer que lhes possa abrir os olhos. Se condescendem em escutá-los, nenhum apreço lhes dão às opiniões, porquanto duvidar do Espírito que os assiste fora quase uma profanação. Aborrecem-se com a menor contradita, com uma simples observação crítica e vão às vezes ao ponto de votar ódio às próprias pessoas que lhes têm prestado serviço. Por favorecerem a esse insulamento os espíritos que não querem contraditores, esses mesmos Espíritos se comprazem em lhes conservar as ilusões, para o que os fazem considerar coisas sublimes as mais polpudas absurdidades. Assim, confiança absoluta na superioridade do que obtêm, desprezo pelo que deles não venha, irrefletida importância dada aos grandes nomes, recusa de todo conselho, suspeição sobre qualquer crítica, afastamento dos que podem emitir opiniões desinteressadas: tais as características dos médiuns orgulhosos "(transcrição literal — págs. 240 e 241 — "Livro dos Médiuns" — 21ª edição).

ADENDO C — Você, irmão, pode ter já a prova disso, em certos trechos da falade um tido como "babalorixá" que extraímos da coluna especializada no assunto do jornal "O Dia", de 9.12.1963, com o título de "Só podemos dar o que possuímos"...

Pergunta feita ao "babalorixá".
"Qual a sua impressão sobre o futuro dos cultos afro-brasileiros?"

Resposta:
"A minha impressão é que os cultos afro-brasileiros estão tomando uma posição correta e seu futuro é promissor. Queira Deus iluminar os dirigentes da União N. dos Cultos Afro-Brasileiros, para que conservem a tradição de nossos antepassados africanos. Nós, do candomblé, devemos cerrar fileiras com a União N. dos Cultos Afros- Brasileiros, para fortalecimento de nossa seita."

Até aí, tudo bem, porque a fala do "babalorixá" revela a sua preocupação de conservar a tradição dos seus antepassados africanos e a distinção e aposição clara que toma, quando diz: — "nós do candomblé"...

Então o que tem a Umbanda do século XX, criada, vibrada e ordenada para agir sob os céus do Brasil, especialmente neste fim de ciclo, através de seus eguns — caboclos, pretos-velhos e outros, com a primitiva tradição religiosa africana, toda calcada numa mitologia de cunho nitidamente exotérica, ou seja, lançada no seio da massa ignara, tanto é que ainda impera no seio de inúmeras tribos africanas, cheias de superstições, de fetichismo, de atavismo...

Pela própria terminologia usada nessa coluna de doutrinação sobre os cultos afros e afim ao "babalorixá", se vê como eles ainda estão ligados à corrente africana. Apenas para ressaltar o orgulho que eles têm ao usarem certos termos afros, para dar a entender que só eles mesmos é que estão com a verdade, com a lei, com "a tradição do santo africano", porque, com isso pretendem situar a Umbanda como coisa secundária, como simples decorrência. Vejam então como fazem questão de ser tratados e conhecidos: Fulano de tal é de odé, tem uma taba; Beltrano é "maitê naitô ôssi"; Sicrano é de "odé alé"; já um outro é "ynhaçã gun nitá"; mais outro é de "odé temim"; madame tal é "ebame gitalambucá", tem a "cabeça de oxum com adjunto de ogum" etc., e ainda outros, como um certo doutor do santo, se diz "Bairotô de Aquiam"...

Todos fazem questão absoluta de qualificar o "seu santé" pela "nação". Uns dizem pertencer à "nação jeje" (*vodum*) e trabalham no "nagô"; outros pertencem ao "kêto", ao "molocô", a "angola". Como veem, primam por caracterizar a procedência africana.

Umbanda e o Poder da Mediunidade 127

Mas, a certa altura, o "babá" entrevistado diz uma grande verdade: "estamos assistindo a muitos elementos abrirem terreiros a torto e a direito, com a finalidade exclusiva de exploração, dizendo-se 'pais-de-santo'". O pior é que eles se dizem "feitos na Bahia". Com o Órgão Controlador, esses falsos sacerdotes vão sumir ou então tomam juízo"...

Como veem, já não somos o primeiro e único que clama contra essa cambada de espertalhões que infestam o meio umbandista...

Porém, continuaremos a apreciar a fala do "babá de odé". Agora lá vai expender seu conceito sobre Umbanda e, como sempre, é igual ao de todos os seus pares. Continuam supondo que a Umbanda nasceu de um "parto espúrio, arrancada, por meio de uma cesariana, do ventre dessa mistura, dessa degeneração sistematizada que são os "modernos candomblé" ou os esquisitoides "rituais de nação"...

Portanto, eis a pergunta que lhe foi feita:

De que modo encara as práticas umbandistas?

Resposta:

"Para dizer a verdade, a Umbanda é uma mistura de Religiões. A Umbanda precisava ter o fundamento que lhe falta. Quase tudo que ela possui é um pouco de 'angola', do 'jeje', do 'nagô' e do 'omolocô'. Explico-me melhor: as danças, o linguajar, as vestes ritualísticas são de origem africana. A Umbanda deve compreender que é uma espécie de filha caçula das 'nações africanas', assim, deve respeitar os cultos afro-brasileiros, isto é, o 'jeje', 'o kêto', o 'nagô', o 'angola' etc. Tudo o que a Umbanda pratica é nosso. Ultimamente vemos nos terreiros de Umbanda os cânticos do candomblé e mesmo a vestimenta dos Orixás são idênticas às nossas. Os que assim praticam não são umbandistas, porém oportunistas. O Supremo Conselho Sacerdotal vai fazer uma verdadeira limpeza, para preservar as nossas tradições."

Nós não pretendemos depreciar todos os conceitos do "babá", assim como perguntando-lhe onde já se viu terreiro de Umbanda de verdade usar vestimenta de orixá, danças e outras coisas do candomblé... porque ele diz muitas verdades quando define claramente o lado de seu candomblé, de suas "nações" e de seus rituais...

Apenas, dentro da ignorância que caracteriza o pessoal dos seus candomblés sem relação à Umbanda, diz esta asneira, esta infantilidade de ser a Umbanda uma filha caçula das "nações africanas" e que lhe falta o fundamento que precisava ter...

Oh! Digno "babalorixá de odé"! Você sabe o que a sua língua disse? Por acaso já leu as coisas verdadeiras sobre Umbanda? Não? Pois, se é de ler, de aprender, para poder falar certo sobre o assunto que ignora, leia nossas despretensiosas obras.

Por elas verá, clara e positivamente, que Umbanda mesmo tem fundamento de verdade... pois a essas práticas que você mesmo condena como "subtraídas" do candomblé, assim como os citados cânticos, vestimentas e outros, você já deu a resposta ou explicação desta, quando afirmou taxativamente: "os que assim praticam não são umbandistas, porém, oportunistas"...

Está aí. A coisa como ela é. Estamos com você nesse ponto. São oportunistas, vigaristas, salafrários, porque nem são de Umbanda, nem de candomblé; são exploradores do santo e você sabe disso...

Mas, provemos mais uma vez que o pessoal "lá do outro lado" não entende mesmo a Umbanda, com as próprias palavras de uma "babá de santo africano" (jornal "O Dia" — coluna com o título "Urgente o Código Sacerdotal", mês de dezembro de 1963).

Pergunta feita à "babá do santo africano", pelo articulista:

"De que modo encara as práticas umbandistas?"

Resposta:

"Não entendo da Umbanda, pouco conhecida no Norte e Nordeste do Brasil. Todavia só há um Deus, de modo que o umbandista sincero e convicto merece respeito. Acho, porém, que o candomblé tem mais fundamento tradicional do que a Umbanda...".

Bem — lá isso pode ser... Se a "babá" quer dizer que o candomblé tem mais fundamento tradicional porque conserva há séculos esses rituais de sacrificar bichos de pelo e de pena, de 4 e 2 pés, "pra seus orixás" — tem razão! Podem ficar com esse tipo de fundamento. Esse a Umbanda não tem e não quer de jeito algum. Abomina esse atraso, essa cegueira espiritual. Esse meio de se chafurdar eternamente no baixo-astral. A outra pergunta, que lhe foi feita assim: "Acha que só uma pessoa" feita "deve chefiar 'terreiro'?" — respondeu desta forma: "Creio que sim. Só a pessoa "feita" ou iniciada deve chefiar terreiro, o que exige preparo e capacidade. Antes de receber o de cá, aos sete anos, ninguém deverá chefiar terreiro. Em casos especialíssimos, com a assistência do "babá", poderá abrir terreiro antes dos sete anos. Mas a Umbanda não faz cabeça de ninguém. Lavagem de cabeça não tem fundamento etc...

Claro. Na Umbanda não se faz cabeça de ninguém. Por aqui, por nosso lado, não se usa camarinha, raspagem de cabeça, com paçoca de sangue e outras coisinhas próprias de lá dos setores africanos. Isto aqui é Rio de Janeiro, Brasil, e a Umbanda é bem brasileira, nasceu, criou-se e aprimorou-se sob as vibrações do Cruzeiro do Sul, justamente para incrementar a evolução da massa crente e cega, que possa ainda estar atrelada a esses tão decantados candomblés que, de fundamento mesmo, nada têm...

A LEI DE PEMBA — DO GIZ COMO INSTRUMENTO MÁGICO OU CABALÍSTICO — SIMBOLISMO E CONFUSÃO ANÍMICA

É também de arrepiar ver como a turminha por aí, nas sessões ou nos trabalhos de Umbanda, risca pemba.

Se o médium-magista ou iniciado der umas voltinhas por essas sessões, pode verificar, surpreso, como "riscam confusão", atraem confusão, fixam confusão a granel...

Digamos primeiro o que é a Lei de Pemba ou o uso cabalístico dos sinais riscados na Corrente Astral de Umbanda.

Essa corrente tem, como parte integrante de seu grande sistema vibratório de ação e reação, quer do astral para os humanos, quer destes para a natureza, as ordens e os direitos de trabalho sobre as forças mágicas ou da magia — já o dissemos repetidas vezes.

Então, nenhum mago branco ou magista de qualquer corrente ou escola pode fazer magia sem a indispensável ligação ou cooperação dos chamados impropriamente "espíritos da natureza" ou elementais (veja, na parte que tratado assunto diretamente, a definição correta sobre espíritos na fase de Elementares em face das forças sutis da natureza)... Isso é um fato, é uma verdade, e tanto é que ninguém, nenhuma autoridade em magia, ousa escrever ou ensinar em livros, nada de positivo sobre tão delicado e perigosíssimo assunto.

Todos abordam a coisa por alto, diz que diz, mas deixam tudo por ser dito.

Porém, nós aqui vamos clarear um certo ângulo, porque essa questão de sinais riscados, espíritos elementares e elementos ou elementais se confundem muito.

Antes, porém, devemos avivar a memória do leitor, lembrando-lhe que nos cultos africanos puros, do passado, a pemba não era usada para traçar pontos riscados, ou por outra, era-lhes completamente desconhecida. A sua manipulação para fins cabalísticos.

Ninguém conhecia nada sobre pontos ou sinais riscados, implantados, posteriormente, nesse novo movimento que surgiu como Umbanda, pelos eguns — espíritos de caboclos, pretos-velhos etc. No candomblé deles, exú nunca viu pemba e na Umbanda, o exú guardião conhece a Lei e traça a pemba...

Apenas na tradição do santo ou em certos rituais para Orixá, essa tradição ritualística exigia uma espécie de cruzamento com um giz ou pemba.

E isso consistia apenas em fazer algumas cruzes com pemba... sobre objetos ou em panos e alguns iam até ao cruzar (fazer cruz) nos pulsos, na testa etc., de um paciente ou de uma pessoa iniciada ou "yaô". E era só...

Então é um fato insofismável que sinais riscados ou pontos de magia, impõe-se que a pessoa que o executar tenha consciência do que faz, conheça o segredo ou a "mironga" da lei que rege esse ângulo.

Como pode, então, tudo quanto é médium ou pretensos médiuns, sem o grau de iniciação adequado, esse mesmo que confere bastante conhecimento nesse mister, riscar pemba "por dá cá aquela palha"?

O que pretendem ou o que estão fazendo esses nossos irmãos com tal maneira de proceder? Irmão médium, chefe de terreiro ou você que está seguindo com atenção estas explicações, raciocine sobre isto: os sinais riscados são determinados clichês-astrais que fazem parte integrante das associações, desassociações, junções, mudanças ou movimentos direcionais da corrente dos tatwas, denominada forças sutis da natureza. Portanto, esses sinais são determinadas formas astrais ou etéricas (atenção — sentido profundamente oculto ou científico) que têm certas moléculas das forças ditas como elementais da natureza, quando dinamizam suas energias para comporem o que também no ocultismo se chama de "elementos ígneos, aéreos, aquosos, térreos, ou ainda de atômicos, etéricos, gasosos, fluídicos etc., no sentido físico ou objetivo.

Pois bem, na magia de Umbanda, caboclo, preto-velho e outros, quando riscam pemba ou fazem um ponto riscado, estão dentro de uma alta magia ou de um profundo cabalismo, pois o ponto atrai a corrente dos tatwas, imantando, fixando e dando a direção desejada a esses elementos.

Se o negócio de riscar ponto é tão sério assim (conforme estamos dizendo, porque de fato é isso mesmo), como se interpretar o fato de todo mundo riscar ponto, assim, sem mais aquela, sem estar capacitado?

É ou não uma temeridade pretender atrair forças das quais não se tem o domínio ou os conhecimentos especializados?

Como se qualificar esses "médiuns" que por pura excitação anímica dão de riscar ponto em tudo e por tudo? Irresponsáveis? Perturbados? Excitados? Neuróticos? Vaidosos? Mistificadores? "Inquiumbados"? — desculpem o termo.

Sim. Porque os sinais riscados da lei de pemba são uma ciência mágica, seríssima, de uso ou manipulação exclusiva das entidades, e de alguns raros iniciados de fato e de direito da Corrente Astral de Umbanda.

Será que toda criatura que agora passa a gingar, gritar, se contorcer, de charutão na boca, olhos arregalados, já é, por assim ser ou estar, um iniciado pelo astral da Corrente de Umbanda?

É o mesmo que uma pessoa pegar do lápis e se meter a escrever os caracteres gráficos da língua japonesa, só porque quer escrever ou porque viu esses sinais em alguma parte.

O que acontece? Faz uma "borração" dos demônios, entorta, enverga, confunde tudo e no fim não tem coisa alguma de inteligível.

Mas, se essa pessoa faz essas coisas com a pemba, tentando firmar ponto, debaixo de uma corrente (seja lá de que espécie for), por certo que sua incompetência e consequentes imagens mentais, confusas, que está emitindo nesse ato, só podem atrair confusão para o seu ambiente astral e sobre o trabalho que pretenda fazer.

E como a turma lá de cima é confusa, gosta de encontrar confusão, se planta por ali, e faz das suas. Mas o pior não é ainda bem isso.

Como já dissemos, esses sinais riscados na pemba, de uso exclusivo das entidades, são clichês astrais, certas chaves de identificação e chamada dos espíritos elementares que estão em estágio de complementação nas correntes sutis da natureza ou tatwas (ver a parte que trata de Carma, "reinos da natureza" e espíritos elementares).

Ainda por intermédio deles — os sinais riscados — uma entidade pode se identificar, sobre sua função, isto é, pode dar a sua categoria, quer na Banda, quer na Falange, quer a respeito de sua própria individualidade, dentro da Corrente dos Magos Brancos do Astral...

Ora, como frisamos que são também determinadas chaves de identificação de certos clichês astrais e que têm força vibratória sobre os ditos elementares, podemos ainda acrescentar que, por força do uso desses sinais ou de coisas parecidas, a corrente dos elementares vem sempre tomar conhecimento do caso.

Se, ao chegar, não encontrar os sinais certos, embaralhados, irritam-se, afastam-se, mas, antes despejam no ambiente uma saraivada de larvas que, geralmente, têm a forma de pequeninas "baratas"...

Elas se agrupam logo no aura ou no corpo astral dos presentes e dali vêm logo as consequências...

Uns saem da tal sessão ou do tal "trabalhinho" com dor de cabeça, outros nervosos, irritados, mal-humorados e outros mais com distúrbios gástricos, circulatórios, pontadas no coração etc.

Quer dizer, saem mais carregados ainda.

Há os médiuns mais prudentes, mais temerosos, que só riscam pontos simbólicos, que são essa espécie de brasões, já difundidos através de certa literatura e fáceis de decorar.

São desenhos de bandeiras, espadas, lanças, escudos e as clássicas setinhas de inspetoria, que dizem ser de Ogum ou de São Jorge.

Outros entram a desenhar machadinhas, riscos imitando raios e as indefectíveis setinhas que dizem ser de Xangô, e há também os que fixam desenhos da Lua, do Sol, com estrelas de cinco pontas que entendem como signo de Salomão, cruzes e outros sinaizinhos mais, que atribuem a essa ou àquela falange, segundo o gosto do "manifestado".

Esse caso traz menos dissabores do que os outros. As entidades chegam (sempre estão em ronda astral pelos terreiros ou sessões) e veem que tudo aquilo é pura infantilidade anímica e se vão, rindo, naturalmente...

Desse modo, cremos ter dado explicações que por certo servirão para abrir os olhos de muitos crentes de Umbanda que frequentam os terreiros às cegas.

DO EFEITO DE ACENDER VELAS PARA AS ALMAS

É de praxe, nos terreiros, mandar os filhos-de-fé acender velas para as almas, a título de "obrigação", ou dentro de casa ou no quintal ou também nos cruzeiros do cemitério...

Há anos que vimos assistindo a muitos umbandistas de boa-fé, ou muitos crentes, desses que sempre fazem sua "girazinha" firme no terreiro, viverem debaixo de uma eterna agonia e isso sem saberem por que, não obstante irem a todas as sessões se descarregar, tomar passes, pedir conselhos e orientações diversas aos mesmos "guias"...

Como admitir isso? Era a queixa que nos faziam de todo lado, pois se estavam sempre falando com pai Fulano, caboclo Sicrano, sem que obtivessem qualquer modificação em sua agonia ou dificuldade.

Então, entrávamos com nosso velho sistema de sondagem: que haviam feito sobre os trabalhos? — que haviam feito sobre certas firmezas? — que haviam mandado fazer ou afirmar?

Aí é que vinha a coisa: tinham feito isso ou aquilo para tal ou qual fim. "Ah! Agora, isto é, há muito tempo que o pai Fulano determinou, 'pra nós', uma 'obrigação com as almas'..."

"Mas nisso nós, 'tá correto... num falhamo' ainda uma vez. Toda segunda-feira 'nós acende vela' prás almas (ou acendiam sempre dentro de casa, nas varandas ou nos fundos dos quintais) e fazemos nossos pedidos".

Logo verificávamos que aí estava o "nó" das agonias e das eternas perturbações, dentro e fora do lar, e dos muitos embaraços que sempre aconteciam.

Era então que os aconselhávamos a suspender tal obrigação com as almas, explicando-lhes direitinho por que estava errada, e logo a situação começava a melhorar e tudo voltava à paz. Isso foram dezenas e dezenas de casos.

Bem. Como se admitir que caboclo e preto-velho, que conhecem como funcionam as atrações negativas e positivas, possam mandar que se façam semelhantes obrigações?

Mas, por quê? Ora, quem acende velas para as almas, dentro do sistema usual de obrigações dado nos terreiros, e geralmente o faz para tudo que é alma, o que pode atrair para dentro de casa?

Almas dos aflitos, dos suicidas, dos que passaram a vida distribuindo torturas, fazendo o mal, enfim, só pode mesmo atrair tudo que se possa considerar como "alma penada".

Tanto é que elas são chamadas todas as segundas-feiras. Andam por aí, sem sossego, perambulando em busca de uma luzinha ou de qualquer coisa em que "se agarrar". Aí é que entram a perturbação, a agonia, as complicações para cima do "penitente"...

Irmãos, não acendam mais velas para as almas, assim, dentro de casa, nem em lugar nenhum (excluindo disso, naturalmente, os católicos que conservam essa praxe de acender velas para os seus mortos queridos nos cemitérios); elas nada têm para lhes dar, a não ser muita perturbação.

Guia ou protetor de verdade não manda fazer esse tipo de obrigação, porque sabe que isso nunca deu certo.

Quem pode ensinar essas coisas é "quiumba" manifestado ou é o próprio "médium-anímico", mal influenciado ou mistificado — já o dissemos.

E, quanto ao acender velas nos cruzeiros dos cemitérios, é outro absurdo, no caso explícito de ser para fins de um benefício ou de uma obrigação que vise a um pedido para tal ou qual objetivo (tornamos a frisar: em relação com as práticas próprias dos chamados terreiros de Umbanda, porque há, conforme dissemos, hábito, entre os católicos, de acender velas para seus entes falecidos, e isso já envolve outros aspectos, nos quais entra apenas a parte emotiva, sentimental, a pretensão de dar luz para seus parentes desencarnados).

Irmãos, os espíritos dos "mortos" que vivem na órbita ou presos a suas campas funerárias se encontram ainda perturbados, inconscientes ainda do estado em que estão, sem luz, sem "caminho astral"...

A esses é que o vulgo chama de almas penadas. Com eles ninguém arranja nada de bom, não traz nenhum proveito acender velas para eles.

Deixe-os em paz. Mande dizer preces ou fazer uma "corrente de ajuda" e conforto espiritual para eles no seu terreiro, que é o que mais precisam.

E ainda quanto a acender velas para outras classes de espíritos (você sabe a que nos estamos referindo) — cuidado, deixe também isso de lado, se é que costuma fazer por sua própria conta...

Exú-Cruzeiro, Exú Caveira e outros são coisas perigosíssimas, para o leigo lidar[13].

Não aceite assim, de olhos fechados, que certos "guias ou protetores" lhes mandem fazer esse tipo de "obrigação".

---

13   Ver nossa obra intitulada "Segredos da Magia de Umbanda e Quimbanda", que esclarece o assunto.

DA COMUNICAÇÃO COM OS PARENTES DESENCARNADOS NA UMBANDA. DO PERIGO DE MÉDIUNS RECEBEREM OBSESSORES E COMO DEVEM SER TRATADOS NOS TERREIROS DE UMBANDA

Por insistência de diversos setores e pessoas familiarizadas com nossas obras, temos que abordar os assuntos acima focalizados.

Nós, na Umbanda, não repelimos a presença de algum ente querido que pretenda uma comunicação e isso o fazemos da maneira mais simples e coordenada possível.

Se somos cientificados, por uma entidade qualquer do terreiro, da pretensão deum espírito desejoso de se comunicar com um parente que por ali esteja, é certo que não vamos recebê-lo debaixo das sessões usuais. Teremos quefazer uma reunião à parte, sob a orientação de nossos caboclos e pretos-velhos, que escolherão o médium adequado e que possa ser adaptado para esse fim, naturalmente procedendo sobre ele uma eletromagnetização especial, de vez que não submetemos os médiuns, na Umbanda, a esse sistema corriqueiro de se queimar os plexos nervosos deles — médiuns — na contínua função mediúnica de receber obsessores, como costumam fazer na corrente kardecista...

Como se opera essa eletromagnetização especial, para esse ato extraordinário? Por cima, pelo astral, uma parte fica afeta aos nossos guias e protetores que sabem como devem proceder; por baixo, de nossa parte, procedemos a especiais defumações de revitalização do médium escolhido e certas afirmações, tudo sob a guarda e a aquiescência direta do seu protetor responsável.

Isso, no caso de o terreiro não ter um dia apropriado para a doutrina geral dos presentes encarnados e dos desencarnados que os guias e protetores da Corrente Astral de Umbanda acharem por bem trazer ao recinto.

Quando falamos dos desencarnados que os guias e protetores acharem por bem trazer ao recinto, incluímos todos esses marginais do baixo-astral já em regime disciplinar, e de outros também endurecidos praticantes do mal ou da magia-negra que são presos pelos exús e trazidos, à força, para ouvirem a palavra da lei, do esclarecimento, do amor, da caridade. Excepcionalmente as nossas entidades protetoras permitem que essas entidades maléficas, ou endurecidas na prática do mal, ouçam essa doutrinação incorporada em seus protegidos, embora sujeitando-os à citada queimação de seus plexos, profundamente perigosa pela repetição.

Assim é que alguns terreiros dedicam uma segunda-feira do mês, ou todas elas, a tal mister.

Com isso, aproveitam os médiuns, os assistentes e os citados marginais, e outros desencarnados, nas condições de visitantes ou de candidatos a uma possível comunicação com seus parentes.

Prevendo justamente que essa comunicação de um parente possa ser permitida, por uma entidade protetora, é que se tomam precauções especiais, inclusive limpeza astral do ambiente, revitalização especial dos médiuns, afirmações de certa ordem, enfim, tudo o que não se faz, porque não se quer ou não se sabe, nas sessões kardecistas.

Onde já se viu submeter-se os plexos nervosos, todo o aparelho neurossensitivo de um médium a uma constante queimação fluídica ou nervosa, de caráter negativo, por parte de obsessores ou de espíritos atrasados, pesados, sem que esse médium venha a sofrer perigoso desgaste de energias, especialmente nos seus fluidos de ligação neuromediúnica?

Jamais vimos médium que pudesse suportar a carga constante de obsessores, em repetidas queimações, sem que entrasse em rápida estafa neuromediúnica.

E é por isso que se veem os médiuns, que inicialmente foram bons, transformados em neuroanímicos, em mistificados ou mistificadores.

Também não é por força de toda essa situação exposta que nos negamos a tratar diretamente com obsessores.

Se houver absoluta necessidade, fazemos que um médium dê passividade a um obsessor, pois temos constatado casos em que caboclo ou preto-velho o traz para uma doutrinação direta, ao mesmo tempo em que visa ter necessidade de uma queimação fluídica de larvas ou de miasmas a ele apegados, através de um sistema especial de defumação. Porque a Corrente Astral de Umbanda tem seus métodos especiais de lidar com obsessores.

Com isso, não estamos pretendendo "condenar" o sistema kardecista, por submeter médiuns à função de receber obsessores nas condições em que o fazem.

Apenas dentro da ciência mágica da Umbanda isso é inteiramente repelido.

Sabemos que quase todos os médiuns que têm sido usados para receber obsessores acabam logo esfrangalhados. É só observar a realidade.

Por exemplo, na Umbanda, quando o obsessor deixa o médium, pelo menos, no mínimo, duas coisas devem ser feitas sobre ele: uma aspersão de água salgada e uma fricção com álcool nas zonas nervosas que acusarem sensibilidade exagerada ou reações musculares. Por que isso? Ora, porque...

4ª PARTE
O CARMA CONSTITUÍDO E O ORIGINAL A QUEDA — A PASSAGEM PELOS REINOS DA NATUREZA — A TRANSIÇÃO. PELA ESPÉCIE ANIMAL, DO PELO PARA A PENA. O PAPAGAIO E O GORJEIO DOS PÁSSAROS — A COMPLEMENTAÇÃO DOS CHACRAS OU DO CORPO-ASTRAL PELAS CORRENTES VIBRATÓRIAS ELETROMAGNÉTICAS OU POR TODAS AS FORÇAS ELEMENTAIS DA NATUREZA LIVRE. A CONFUSÃO DOS MAGISTAS, QUE PERSISTE, SOBRE O QUE TENTARAM DEFINIR COMO "ELEMENTAIS-ESPÍRITOS DA NATUREZA". OS ELEMENTARES. A FICHA CÁRMICA ORIGINAL

MAIS UMA VEZ SOMOS FORÇADOS a voltar a esses assuntos, de vez que queremos patentear o conceito interno da Escola Umbandista, em face da confusão que os magistas e outros, reconhecidos como autoridades em matéria de ocultismo, criaram sobre os espíritos na fase de elementares, a que denominaram, erroneamente, "espíritos da natureza ou elementais"...

Sabemos que isso é um assunto complexo, de difícil explicação, pois foge bastante aos entendimentos comuns.

Porém, vamos tentar simplificar a questão, e para isso temos que começar a situar os dois aspectos de um carma...

Toda e qualquer ação e reação do espírito, no mundo das formas ou da matéria, isto é, da energia física propriamente dita e reconhecida, seja ela eletromagnética, atômica, etérica etc., ou mesmo (dentro do conceito oculto ou esotérico) da poeira atômica, homogênea, básica, matriz de todas as subsequentes formas dessa energia, se deu, ou se dá, por força de um carma constituído.

Esse carma assim denominado pela Escola Umbandista se constitui e se movimenta em consequência do rompimento do carma original ou causal, portanto, por si é um efeito, derivou de uma causa.

Para esse tipo de carma — denominado Constituído — foi que as Hierarquias Regentes, por Ordem Suprema, estabeleceram uma Lei (chamada a lei cármica dos hindus) que o fez dependente de um sistema especial — o da encarnação ou das reencarnações.

Esse tipo de carma constituído, sujeito à roda das encarnações, já está bastante definido, esmiuçado, em vastíssima literatura, que lhe deu como a própria razão de ser a dor, os sofrimentos vários, as lições, as provas ou as experimentações, como a maneira mais eficaz para o espírito evoluir. Então, falemos, embora premido por certas limitações, do carma original ou causal, para que se perceba por que se constituiu ou gerou outro aspecto. Simbolizemos, pois sem o símbolo nada se entenderá.

Caro leitor, olhe para este círculo:

e o veja como se visse o espaço cósmico, infinito, ilimitado. Considere-o uma natureza neutra, que independe, em sua estrutura íntima, quer de energia física propriamente dita, quer do espírito, como uma entidade cujos atributos são a inteligência, a consciência, a vontade, a ideia etc.

Essas três realidades (natureza neutra, energia física e espírito) são extrínsecas entre si, ou para dar uma ideia mais clara: espaço cósmico, espírito e energia (ou matéria), sempre existiram no seio da eternidade, sem terem sido engendrados um do outro, pelo Poder Supremo. Em suma, nenhum foi extraído ou derivado do outro.

Todavia, preexistem, estão ligados ou entram na dependência um do outro. Dessas três realidades, nem o espaço cósmico nem a energia têm inteligência, consciência, vontade. Elas são atributos intrínsecos do espírito, que é da essência interna do Pai, ou seja, de Deus.

E quanto a espaço cósmico e energia, são realidades que o Poder Supremo comanda, pode movimentar, desdobrar, dinamizar, imprimir, associar e desassociar, pois são, porque sempre o foram, em toda a eternidade, seus atributos externos.

São ainda os canais por onde o Poder Supremo se manifesta, visto o mistério do Arcano afirmar que Ele Deus está por dentro, por fora e acima de todos os poderes e de todas as coisas por Si mesmo geradas e engendradas.

Cremos que conseguimos situar essa questão de forma inteligível; nem tanto ao mar, nem tanto à terra... é só meditar, porque o entendimento clareia...

Bem, voltemos ao círculo desenhado, que está simbolizando o espaço cósmico, pois o leitor estudioso o deve estar novamente analisando. Assim, deve estar vendo que quase a metade dele está pontilhada.

Com esses pontinhos queremos localizar as regiões do infinito, espaço cósmico, onde a energia física habita, tem domínio, tem ação vibratória permanente. Representa o Macrocosmos, também chamado Universo.

Nele existem todas as incontáveis (além das observadas pelos estudiosos do assunto) galáxias, vias-lácteas, sistemas planetários, corpos celestes, inclusive o planeta Terra.

Essa parte cheia de pontinhos que acabamos de assim definir, é onde nós estamos agora enquadrados. É a nossa atual via de ascensão ou de evolução, que nos faz depender de energia ou matéria, de reencarnações etc. Entendido?

É o *modus operandi* que dá sequência a nosso carma constituído. É onde o nosso espírito encontrou a energia, as propriedades e as qualidades da mesma, que facultam o gozo e as sensações diretas, objetivas...

Então, caro leitor, como uma ampla visão para o seu entendimento: essa parte do círculo toda pontilhada representa as infinitas regiões do espaço cósmico onde a energia ou a matéria habita; onde ela conseguiu interpenetrar, morar, ter domínio, viver em turbilhão, em motocontínuo etc. Portanto, vai ficar bem entendido ainda, quando dissermos que a outra parte do círculo que não está ocupada pelos pontinhos representa outras regiões desse espaço cósmico, vazias de energia, ou seja, da mais simples partícula de poeira atômica. Agora, quanto ao ponto de interrogação significa a presença do espírito.

Ali o espaço cósmico está apenas interpenetrado, ou seja, habitado, por uma só realidade, e essa é o espírito, isto é, inumeráveis legiões de seres espirituais, isentos de qualquer agregação sobre si mesmos, de uma só partícula atômica ou mesmo de "matéria mental e astral", como se ensina na Escola Oriental...

Pois bem, caro leitor, são essas legiões de seres espirituais que habitam o puro espaço cósmico, neutro, vazio de energia, que formam o Reino Virginal; que evoluem por essa Via Original, dentro de seus graus ou vibrações de afinidades próprias, e naturalmente, dentro de um sistema cármico absolutamente impossível de ser compreendido ou lembrado, de vez que a queda ou a descida a natureza cósmica interpenetrada pela energia física implicou o obscurecimento, um esquecimento. Por isso é que fica perfeitamente patente a existência de um carma original ou causal.

A queda ou descida das legiões de seres espirituais implicou um rompimento desse carma original e consequentemente gerou outro aspecto, que se constituiu como um efeito dessa queda. É assim que a esse outro aspecto objetivo do carma causal nós denominamos carma constituído, porque esse é o que está afeto diretamente ã matéria ou à roda das sucessivas encarnações.

Isso bem compreendido, falaremos agora do que o espírito teve que passar para se pôr em relação com a nova natureza cósmica dependente de energia ou da poeira atômica, para dar sequência a injunções desse novo aspecto de seu carma causal. Simbolizemos agora um copo cheio de fumaça e joguemos dentro dele um caroço de milho, assim:

O que aconteceu a esse caroço de milho? Interpenetrou essa fumaça. Portanto, foi envolvido por ela; ficou sujeito à qualidade vibratória de sua natureza.

Tal como o milho, o espírito tinha que se expandir nesse meio, na energia simbolizada por essa fumaça, sobre a qual tudo ignorava, não estava habituado; foi necessário que recebesse o socorro das Entidades Superiores do Reino Virginal, a quem foi ordenado descer para ajudá-lo, porque para elas essa natureza não tinha surpresas. Já eram senhores dela.

E foi o que aconteceu quando começaram a encaminhá-los aos sistemas planetários já existentes ou aos diretamente construídos pelos arquitetos divinos para esse fim.

Assim é que a cada número de legiões de espíritos que desceu coube determinado corpo celeste ou planeta, e, no nosso caso, o planeta Terra.

E, dentro dessa condição, urgia preparar essas legiões de acordo com a natureza eletromagnética da Terra, através de seus reinos mineral, vegetal, animal e daí até o futuro reino hominal...

É quando a literatura magista ou do ocultismo propriamente qualificada nos dá notícia da "passagem do espírito" pelos reinos da natureza e nos fala dos elementais chamados também por eles, impropriamente, como "espíritos da natureza" e... fizeram a confusão que persiste, embora para nós, da Escola Umbandista, ela não exista, que não nos pautamos por "escolas orientais" de quem quer que seja...

Tentemos esclarecer essa questão de agora por diante. Passar pelo reino mineral, vegetal e animal foi uma necessidade que se impôs ao espírito, a fim de que pudesse haurir ou agregar em torno de si os elementos Vibratórios que iriam formar as suas linhas de força, os seus chacras e logicamente o seu próprio corpo-astral, porque, sem esse, não podia haver a encarnação propriamente considerada.

Ora, quando falamos do copo cheio de fumaça, quisemos dar a entender ao leitor que o espírito, caindo nesse meio, foi envolvido pela fumaça, ou seja, pela poeira atômica e, como tinha necessidade de viver segundo essa nova natureza, imantou ou aglutinou em si mesmo os primeiros elementos simples e setessenciados que se transformaram imediatamente nos canais diretos de sua inteligência e de suas primeiras sensações provenientes desse contato.

Dentro dessa lógica, dessa lei, surgiu uma espécie de tela consistente que posteriormente foi denominada corpo mental por várias escolas.

Essa tela, esse envoltório, recebeu as impressões do espírito e, consequentemente, se tornou o veículo de propagação para toda a natureza exterior ou correlata, assim como pelo éter, para todo o espaço cósmico alcançado. Dessa fase é que passou para a da propagação das vibrações que chamamos atualmente de pensamento.

Foi quando aos espíritos, já tendo por força de presença vibratória dentro da natureza atômica essa espécie de corpo mental, os técnicos que desceram do reino virginal fizeram passar pelos reinos mineral, vegetal e animal.

Com o passar queremos dizer: — haurir da energia própria dessa natureza mineral, vegetal e animal, os elementos Vibratórios primordiais, necessários à formação de um corpo-astral, já projetado pelos ditos técnicos, para capacita-lo ao reino hominal, segundo ainda o modelo idealizado pelas Hierarquias Regentes do Reino Virginal.

Havendo o espírito se apropriado da energia peculiar a cada um desses reinos, passou a sentir em torno de si a aglutinação de certos elementos que tomavam forma e certos contornos, já produzindo nele uma série de sensações e também vibrando segundo suas próprias impressões.

Nessa altura, o controle dos técnicos acusava que o espírito com esse corpo astral já bastante adiantado tinha necessidade de complementá-lo ou de dinamizá-lo ainda mais.

E essa situação se definia quando ele o espírito já tendo passado por todas as sensações instintivas da espécie animal de pelo, por via do contato vibratório com o elemento sanguíneo etc., era encaminhado para sensibilizar os seus chacras, especialmente o laríngeo, à espécie animal de pena, como a última etapa de sua passagem por esse reino animal...

E claro, patente, para os que se dedicam aos estudos esotéricos, ou mesmo científicos, que o chacra laríngeo nos animais de pelo não passou dessa fase rudimentar em que se encontra até hoje.

Por isso os sons que emitem esses animais são grosseiros, primam pela falta de variação e de harmonia em suas menores expressões...

Não acontece o mesmo com a maioria dos animais de pena, haja vista que quase todos apresentam uma variação infinita de sons, ricos de harmonia, melodia e beleza, sinal de que o chacra laríngeo neles já se encontra adiantadíssimo, quase pronto para os primeiros ensaios do som articulado, ou seja, da linguagem humana.

Não há que tergiversar, porquanto damos como um dos exemplos o papagaio, que já consegue formular palavras e até frases, chegando a decorar e repetir espontaneamente, quando ensinado pelos humanos, longos trechos...

Aqui nos cabe repetir o conceito: — na espécie animal de pelo e de pena os seres espirituais participam da vida instintiva deles, assim como indiretamente, ou seja, por força das ondulações vibratórias de suas sensações, através das correntes eletromagnéticas que lhes mantêm a vida física ou orgânica propriamente compreendidas.

Diz-se assim, portanto, como "alma grupal" em relação a um meio, porque, na passagem do espírito deles pelos citados reinos da natureza, mormente na espécie animal, o ser espiritual não está diretamente encarnado em cada animal (nem tampouco numa pedra, nem numa árvore etc.), e nem sequer a seu lado. E como esse ainda é um meio tanto ou quanto pesado, por onde o espírito tem que haurir o mais possível esse tipo de vida, aí se demora bastante; por isso que a idade de certos animais é longa, justamente para dar tempo necessário ao espírito, no aprimoramento ou na manifestação de uma certa classe de sensações em relação com o elemento sanguíneo etc.

Já quando o espírito se liberta da última etapa de participação na vida da espécie animal de pelo, é que vai ser impulsionado a passar também pela vida da espécie animal de pena.

Por quê? Porque nessa espécie ele necessita de sensibilizar, ao máximo, o dito chacra laríngeo (que comanda no corpo humano as cordas vocais ou a garganta), de vez que no gorjeio das aves se encontra, de um modo geral, uma variação sem fim de harmonia e beleza.

Após essas etapas pelos reinos da natureza, o ser espiritual fica como que impregnado de vibrações e sensações variadas e confusas. É quando surge a necessidade de se proceder sobre ela a revitalização e o consequente equilíbrio e aprimoramento do seu sistema de chacras.

É quando ele volta a participar diretamente das correntes vibratórias da natureza livre em sua expansão natural dentro do Cosmos. Portanto, há que voltar aos elementos da natureza natural (o *natural naturandis*), assim como à corrente dos elementos aquosos, aéreos, térreos e ígneos.

Está novamente em contato com as forças elementais da mãe natura, em vibrações livres...

São, em Virtude disso, espíritos da natureza, porque ainda não participaram de nenhuma encarnação; em realidade são espíritos elementares cumprindo ciclos de evolução ou de preparação...

Eis por que os magistas e outras autoridades em assuntos esotéricos ou de ocultismo, louvados tão-somente na interpretação errônea da Cabala Hebraica, falsificada, deram-lhes a denominação de "elementais — espíritos da natureza", como dando a entender que a própria natureza engendrava seres com certas características quase que iguais às do espírito inteligente, consciente etc., aos quais classificaram de salamandras, ondinas, silfos, gnomos e outros mais...

São aqueles seres espirituais que acima definimos como elementares, porém no último estágio de contato com as forças elementais da natureza, que se situam diretamente na órbita vibratória das cachoeiras, das matas, das pedreiras, dos mares, dos campos, dos rios etc., como seus donos, seus guardiães, por injunção dessa complementação ou dessa condição.

É natural que eles se integrem no movimento mágico da Corrente Astral de Umbanda, por lhes oferecer amplos meios de contato e trabalho nessa trajetória evolutiva, de vez que entram em constante relação com o elemento humano, e isso para eles é de vital importância.

Tanto é que na Umbanda, através de certas operações de magia branca, dentro de um sistema de oferendas afins[14], a esses espíritos elementares (chamados impropriamente elementais), lhes é facultada intensa atividade que lhes traz benefícios diversos, mesmo no combate aos espíritos inferiores, atrasados, assim como os quiumbas e outros mais.

Temos que levantar agora uma grande questão: dado ainda o grau de entendimento e da grande vontade que esses citados espíritos elementares têm de criar condições para a primeira encarnação, ou para adquirirem o "passe" definitivo ao reino hominal, tendem a ser envolvidos com relativa facilidade, mormente por meio dos envolvimentos solertes do baixo-astral, a participarem em trabalhos ou operações de pura magia-negra.

Com isso, assumem um peso cármico tremendo, os encarnados e os desencarnados que assim os usarem, porque estão, dessa forma, imprimindo neles um acréscimo de sensações e tendências que lhes serão prejudicialíssimas, quer na protelação do "passe", quer quando encarnarem pela primeira vez.

Em relação com o exposto, é muito possível a inumeráveis seres, numa primeira encarnação, exteriorizarem tendências negativas, ou instintos violentos, justamente devido ao que acima expusemos, isto e, terem sido envolvidos nas práticas grosseiras de magia negra, pela inexperiência que lhes é ainda um tanto natural. Porém, esses espíritos quando esclarecidos costumam reagir violentamente, ao reconhecerem que foram bastante prejudicados e é quando se diz: "o feitiço virou contra o feiticeiro"...

E por causa desse envolvimento e dessa inexperiência, é que os caboclos e os pretos-velhos entram em grande atividade dentro do meio vibratório em que esses espíritos se situam, para orientá-los, conduzi-los para os aspectos que mais os possam beneficiar.

Não confundir esses espíritos elementares, nessa fase de complementação dentro da natureza livre, com os outros espíritos elementares, em seus diferentes ciclos de evolução, assim como os exús e outros, que permanecem sujeitos a outras injunções da lei cármica.

---

14 Em nossa obra "Mistérios e Práticas da Lei de Umbanda" consta esse sistema de oferendas especificado.

Portanto, lembrando ao leitor que desde o princípio do mundo a humanidade pratica a magia-negra, podemos compreender assim uma das razões mais prováveis de certas tribos ou raças estarem na retaguarda e num atraso crucial; bastante olharmos para certas tribos africanas, certos povos situados na Índia, na China, no Canadá e, no nosso caso, a maioria das tribos indígenas do nosso Brasil.

E para que Você — irmão leitor — possa ficar realmente sabendo o que se pode entender como elementais, fora mesmo de qualquer confusão dos magistas e outros, é bastante citarmos a definição que já demos, desde 1956, em nossa obra "Umbanda de todos nós": "Os chamados espíritos elementais formam-se dos pensamentos baixos, que se assemelham e se agrupam atraindo por afinidades, nos campos magnéticos e Vibratórios, as substâncias astrais que se condensam com eles tomando aspectos de seres esquisitos, servindo de intermediários entre o mundo astral e o material. Esses elementais são vibrações do pensamento que se atraem, "por serem iguais, no astral inferior, formando conjuntos com determinadas formas, constituídas pela qualidade dos pensamentos emitidos".

"Dessa maneira gravitam em busca de ambientes próprios, mormente quando são gerados e alimentados do ódio, despeito, inveja, ciúmes, baixos desejos, ambições desmedidas, falsidades etc., sendo comum serem atraídos por uma dessas fontes afins, e é por isso que certos videntes, ou pessoas que por um motivo qualquer estejam com o centro anímico excitado, veem essas figuras feias, esquisitas, de olhos fosforescentes, formas de cão, com pescoço fino e comprido, que se encontram tão bem estampadas nas obras de Papus...".

E é em relação com todo o exposto que, em nome da Corrente Astral de Umbanda, da qual, já o dissemos, somos um porta-voz, estamos autorizados a lançar veemente condenação sobre os praticantes da magia-negra, quimbandeiros, catimbozeiros, candomblecistas e similares que continuam a enegrecer cada vez mais a condição cármica desses nossos irmãos em Deus-Uno, que ainda não encarnaram e necessitam urgentemente disso.

E como falamos tanto em carmas Constituído e Original, é interessante ressaltar mais uma vez esse ângulo referente à ficha cármica.

Não pense o Irmão que nossas ações positivas e negativas, ou seja, nossos méritos e deméritos, de cada encarnação, em diversas personalidades, sejam fatores abstratos que andam perdidos por esse imenso espaço cósmico.

"Nada se perde, tudo se transforma", essa é uma verdade científica.

Bem, se aqui na Terra, na condição humana, cada um de nós tem sua ficha nos Departamentos Especializados, desde o nascer ao morrer, quanto mais no mundo astral, que é, justamente, o nosso verdadeiro *habitat*.

Então, é lógico que por lá exista um sistema perfeitíssimo de Arquivo ou de fichas individuais de cada ser consciente, inteligente, desde o princípio do mundo.

Essa ficha cármica astral não é coisa imaginária; existe como uma espécie de tela fluídica, de consistência astromagnética, onde está anotado o nome original de cada ser espiritual, desde quando desceu ao mundo das formas, ou seja, ao planeta ou corpo celeste que lhe foi designado, para cumprir o que já explicamos como o seu Carma Constituído.

Esse nome, essa identificação original é completamente desconhecida da maioria dos seres espirituais, mesmo no estado de desencarnados.

Somente os altos Mentores da Confraria dos Espíritos Ancestrais podem ter esse conhecimento, de vez que governam o Mundo Astral e fiscalizam o Humano.

Abaixo desse Nome Original, vem uma série de registros inerentes a todos os acontecimentos de importância cármica de cada personalidade que o espírito usou, desde quando lhe foi dado o primeiro nome, na primeira encarnação.

Porque o Carma de um Ser Espiritual ou da criatura que desencarna não para em ações e reações.

Se dissermos que, pelo Mundo Astral, o ser desencarnado tem tantas possibilidades quanto na vida terrena de melhorar ou piorar suas condições, o carma, o leitor é capaz de estar pensando de que forma tal coisa se dá.

Bem, amigo leitor, a vida emocional, sentimental, os desejos, as paixões e as correspondentes sensações com seu imenso rosário de reações boas ou más, de paz ou de desespero, continua lá por cima e, dentro disso, o ser desencarnado entra em movimento ou atividade nos planos afins ou nos setores que lhe estão afetos.

Pode continuar errando, aprendendo, melhorando etc. Muitas criaturas desprendem-se da vida terrena, com tal soma de sensações, de paixões e desejos irrealizados, que procuram expandi-los de qualquer forma, e por isso deixam-se atrair pelas correntes negativas de seus semelhantes no astral, caindo, muitas vezes, em piores condições do que as anteriores.

Muitos se tornam até de tal rebeldia que passam a ser disciplinados mais duramente do que antes, sendo até castigados severamente, com reencarnações compulsórias, em situações ou em raças que lhes são adversas ou antipáticas, embora nos altos desígnios da Sabedoria Divina tal medida seja uma abençoada oportunidade dada ao ser que reencarna em tais condições; mas, para ele, representa mesmo um castigo, duríssima pena disciplinar.

Por exemplo: já dissemos que o Oriente, especialmente a Índia e a China estão servindo, ultimamente, de zonas de drenagem cármica, pois naqueles países os sistemas sociais ou de castas são os mais baixos que se possa conceber.

Em uma, estão servindo como verdadeiros pontos de concentração para os espíritos rebeldes, atrasados, endividados e que necessitam passar por condições humanas duras, humilhantes etc...

Assim discriminamos para que o leitor fique ciente de que é por injunção dessa Ficha Cármica Original, com suas respectivas anotações, que a Lei Cármica precede a uma computação entre os méritos e deméritos de cada um, para pautar numa linha de reta justiça aquilo que chamamos de sorte ou destino de uma pessoa.

Tudo isso são variações do Carma Constituído, que já explicamos ser uma consequência do Carma Original, de aspecto completamente desconhecido... Apenas procederam à transferência da Ficha Cármica com o Nome Original...

Porque, amigo leitor, se você é um estudioso das ciências ocultas, deve estar bem viva em sua mente aquela regra do Hermetismo que afirma: "Tudo no Universo é medido, pesado e contado"...

UMA VISITA AS "COVAS" DO BAIXO ASTRAL OU "REINO DO BRUXEDO"... O CATIMBO... O CRENTE JUREMADO E O "FORRÓ" NO ASTRAL...

APROVEITAMOS ESTA OPORTUNIDADE, para relatar uma visita que nos foi facultado fazer a essas citadas "covas" do baixo-astral, por uma entidade que até hoje não conseguimos identificar.

Certa noite em que estávamos em nossa casa, sozinho, deitamo-nos e, durante horas, não conseguimos conciliar o sono.

Passava da meia-noite, quando, naquele estado de semi-inconsciência que precede o sono propriamente dito, sentimos aproximar-se uma entidade.

Pudemos vê-la quase que nitidamente; apenas se apoderou de nós uma espécie de tolhimento psíquico e físico com sua presença.

Então, ouvimo-la assim dizer: "Irmão Yapacani, estou aqui para levá-lo a visitar uma 'zona astral' perigosa; mas não tema, pois isso lhe será de grande utilidade".

Mentalmente respondemos-lhe que iríamos, porém, se "Preto-Velho" também fosse, de vez que temia ser esse convite uma cilada do baixo-astral (ao mesmo tempo que assim dizíamos, pelo pensamento fomos invocando logo nossos amigos do astral, pela força de Certa oração cabalística, forte, própria para ocasiões de perigo).

No transcorrer dessa situação, vimos logo chegar "Preto-Velho", que nos serenou, dizendo que fôssemos, pois ele estaria atento, e que essa entidade era um guardião de zonas condenadas, parecido acompanhá-lo sem susto.

Assim, logo que chegamos ao limiar de uma região penumbrosa, parecendo-nos estar cercada de nuvens negras, paramos...

Imediatamente, essa entidade tirou de alguma parte, que não identificamos bem, duas túnicas. Passou logo a vestir uma, ao mesmo tempo que mandava fizéssemos o mesmo com a outra.

Essas túnicas tinham certas placas, semelhantes a metal, pregadas pela frente e por trás, que luziam em tonalidades estranhas e emitiam também um som sutil, tal qual o ciciar de uma cigarra.

Após essa preparação, dirigimo-nos a uma entrada onde se nos deparou uma escada, parecendo-nos talhada em pedra.

Começamos a descê-la, com a impressão de que estávamos descendo para uma caverna. Sentíamos que o caminho era escuro, mas a luz vibratória das placas clareava tudo e, ao mesmo tempo, os seus sons ciciantes faziam com que ondas de morcegos e animais parecidos esvoaçassem e fugissem à nossa passagem.

Então, essa entidade, guardião das zonas condenadas, começou a explicar que estávamos descendo às "covas do mais baixo-astral", ou melhor, acrescentou com certo sorriso, ao "reino do bruxedo".

Nessa altura, parou defronte de uma imensa porta, toda trançada de algo assim como raízes, com certas fendas, onde se encontravam nichos cheios dos mais estranhos bichos: larvas, vermes; cobras etc.

Bateu à porta, que se abriu lentamente, até que pudemos divisar um fantástico panorama.

Numa espécie de tronco de pedra, uma mulher gordíssima, com uma cabeleira como se feita de piaçaba, toda coberta de farrapos, com as mãos sujas, acariciava um gatarrão preto, de pelo duro, comprido, nauseabundo...

Em seu redor, estranhos apetrechos e materiais que intuitivamente qualificamos como de uso da magia-negra, assim como uma panela, onde fervia um líquido vermelho, oleoso (parecendo sangue), de onde pulava e caia dentro do líquido uma boa quantidade de baratas e insetos que jamais vimos na Terra.

O quadro era tétrico. Em outro ângulo dessa "cova", identificamos uns caixões de pedra, cheios de esqueletos inteiros, que se assemelhavam a ossadas humanas. De par com isso, a megera, vez por outra, manuseava um baralho grande, todo sulcado de sinais e fantásticas figuras.

Repentinamente, a bruxa (sim! era uma megera tal e qual o conceito fantástico das histórias infantis) levantou os olhos e... céus! — que pavor!

Aquilo queimava, irradiava tamanhas vibrações maléficas, causando-nos tal repugnância psíquica, que apelamos para nossas reservas de energia espiritual.

A proporção que analisávamos o ambiente, tivemos a impressão de que aquilo era mesmo a última estaca, no que podia haver de mais sujo, de mais nefando no baixo-astral.

Estávamos fundamente nauseados, quando nosso guardião encetou uma série de perguntas a essa bruxa, assim: "Então, Cibiagô — muitas visitas? Muito trabalho?" Ao que a megera foi respondendo mais ou menos nestes termos: — "Cibiagô muito ocupada; Cibiagô muito procurada; tudo agora anda muito bom lá por baixo, mas eles não sabem resolver tudo, sem procurar Cibiagô.".

"Pena Cibiagô não poder sair daqui... Você sabe, não é?"

Mal terminara essas respostas, a megera levou uma das mãos ao ouvido e a outra à boca e fez sair um grito, um guincho estridente... parecendo ouvir ou se aperceber da aproximação de algo.

Nosso guardião imediatamente cruzou as mãos e colocou-as sobre uma das placas, mandando que fizéssemos o mesmo. Depois, fez um gesto para que o acompanhássemos a um canto. Ouvimos então um vozerio tremendo, à chegada de seres incríveis, de dificílima descrição para a nossa pena.

Uns eram peludos, tinham esgares, contrações horríveis no rosto. Outros, gordíssimos, parecendo porcos ou hipopótamos, outros mais esquálidos, olhos encovados. Todos, porém, traziam uma espécie de sacola (claro que só podia ser de matéria astral) ao pescoço.

A megera recebeu-os cheia de excitação e contentamento e passou a ouvir cada um deles. Não nos podemos lembrar nem detalhar todo o ocorrido nessa "cova" do baixo-astral, mas compreendemos perfeitamente que aqueles seres hediondos que ali haviam chegado se queixavam de fracassos e contavam sucessos ao mesmo tempo, tudo relativo ao gênero de atividade que exerciam sobre o astral inerente a crosta terrestre.

E estavam ali, pedindo mais forças e poderes à megera, para prosseguir em suas atividades nefandas, aos quais ela ia dando através de pozinhos (nessa altura, lembramo-nos de que nunca as "casas especializadas" venderam tantos pós em latinhas como ultimamente: "Para casar, para matar, para se apoderar disso e daquilo etc."), líquidos e uma série de estranhos materiais que ia apanhando em seus respectivos lugares. Essas entidades negras recebiam com gritos de prazer e os iam colocando em suas sacolas.

Um detalhe que achamos extraordinário foi que, ao se retirarem todos, um a um, beijavam a mão da megera e bebiam um pouco daquele líquido avermelhado que pulava, fervendo, naquela panela.

Para nós, desnecessária foi a explicação que nos deu o guardião, de que aquelas horríveis entidades manipulavam a mais baixa magia-negra, nos ambientes chamados por nós humanos de "catimbó". São os "anjos protetores" dos catimbozeiros.

Depois que se afastaram, o guardião, retirando as mãos da placa e mandando que fizéssemos o mesmo, aproximou-se da megera, que exúltava.

Somente a lembrança que se nos fixou na retina astral pôde nos ajudar a descrever isso mais ou menos, visto que as náuseas psíquicas nos impediram de registrar todos os detalhes.

Dali nos retiramos e o guardião nos disse então que iríamos descer mais ainda. Descemos. E vimos não uma porta, mas uma espécie de boca de túnel, por onde penetramos e fomos dar num recinto que nos causou maior impressão do que o primeiro citado.

Descrevê-lo exatamente é-nos impossível, mas vimos desta feita a figura de um homem que nos pareceu ter apenas pele e pelo recobrindo o esqueleto.

Por todo aquele pelo que revestia trafegavam centenas e centenas de estranhas larvas, as quais entravam e saíam repetidamente por sua boca, nariz, ouvidos etc.

Pelos cantos desse recinto, lodoso, úmido, pudemos ver ossadas, caveiras, em profusão. Esse tipo astral, ao nos ver, tomou uma atitude de arrogância, de maldade, ao mesmo tempo em que perguntava ao guardião: "Que quer desta vez?" Ao que o guardião respondeu: "Viva, Oh! Atafo! Queremos esperar aqui a chegada de teus visitantes, que não devem tardar".

Esse estranho tipo astral refletia tamanha repugnância espiritual, tais vibrações de difícil definição, que somente uma poderosa guarda e proteção era o que nos fazia suportar tudo aquilo serenamente.

Dentro de indescritíveis pensamentos, ao mesmo tempo que analisávamos tudo o que por ali víamos, fazíamos nossas conjeturas.

Súbito, esquisitos assobios interromperam nossos pensamentos, ferindo nossa audição, e apressadamente nosso guardião nos levou a um local à parte, procedendo à mesma operação de colocar as mãos cruzadas sobre as placas da túnica.

Prestamos atenção e, dentro em breve, vimos chegar, silenciosamente, um grupo de seres de pequeno porte, anões.

Descrever os horríveis defeitos que apresentava o corpo astral desses seres seria quase que causar ao leitor traumas emocionais. Mas todos eram mais ou menos peludos, tinham exageradas corcundas e um detalhe, excepcional, era comum a todos: apenas um grande olho tinham no centro da testa e eram obrigados a assobiar constantemente, de vez que assim nos pareceu ser uma maneira de conter a enxurrada de vermes que saíam das aberturas que chamamos de boca, à falta de outro termo.

Na presença desse monstro astral, esses monstrinhos quase não falavam, gesticulavam muito e se entendiam muito bem.

Não compreendemos de imediato qual o papel desses seres no baixo-astral, mas o nosso guardião nos explicou que eram "vampiros das esferas negras", querendo dizer com isso que formavam uma classe de seres muito baixa na escala espiritual, porquanto era usada pelos magos negros do astral para provocar misteriosas doenças nos encarnados, através de certas operações de magia-negra.

Dentro de nossa experiência de vinte e tantos anos, compreendemos automaticamente por que as descargas, defumações e rezas especiais conseguiam tanto êxito em casos nos quais a medicina terrena já havia esgotado todos os recursos.

Nessa altura, perguntamos mentalmente ao guardião por que esse tal de Atafo assim era e assim vivia.

Deu-nos uma explicação profunda, da qual resumimos o seguinte: Atafo, esse monstro astral, era um espírito de tamanho endurecimento, tão sobrecarregado pelos males que há milênios e milênios vinha praticando, que foi banido para essa região "condenada" e por ali criara sua própria "cova", porque ali era realmente o "reino do bruxedo", onde as hostes satanizadas, bestializadas, iam buscar elementos destruidores, porquanto seus habitantes haviam-se especializado na prática do mal.

Pedimos ao guardião para sair dali, pois já não aguentávamos e fomos imediatamente atendidos.

Do lado de fora, o guardião nos perguntou se ainda estávamos com coragem para visitar a terceira "cova", o que aceitamos, porém não queremos contar mais nada a esse respeito, porque o que lá existia ultrapassa até ao fantástico.

Com a descrição feita quisemos deixar bem nítida na mente do leitor a ideia de que a bruxaria, o malefício, a magia-negra, o atraso, o endurecimento e a ignorância de muitas almas que aqui, pelo plano de terra, ainda praticam essas coisas, têm suas correspondências, suas ligações e a cobertura afim de um lado para outro...

Portanto, é fatal que, em todo desencarne de um "quimbandeiro ou catimbozeiro", o seu espírito seja imediatamente arrebatado para esses planos infernais, para essa "zona condenada".

Talvez seja por isso que a Bíblia nos fala do inferno, que afinal de contas existe mesmo, de um certo modo.

Em analogia com o exposto, devemos ressaltar também o que nos foi dado presenciar numa sessão de catimbó, por ocasião do rito que iam processar sobre um crente, a fim de que ficasse "juremado"...

Não vamos entrar nos detalhes desse rito, porque demos a palavra de que não o faríamos em nossas obras, porém o que aconteceu nessa ocasião serve perfeitamente para que o leitor faça um confronto e tire suas deduções.

Bem, no momento em que esse ritual devia atingir o seu ponto máximo, ou seja, quando tinha que se dar a "juremação" no crente, faltou a presença de uma tal entidade de nome "baiano de tal", que seria responsável direto pelo "iniciando", em face dos "segredos do catimbó".

Foi quando outra entidade, manifestada num médium de cor branca, disse que ia mandar buscar o fulano, porque sem ele nada feito.

Assim procedeu, cantando e firmando velas com punhais, ao mesmo tempo em que bebia cachaça e derramava em volta.

Repentinamente, vimos que outro "médium" estremecia e logo passava a despejar uma saraivada de impropérios, de nomes feios.

Com isso, os presentes e a outra entidade manifestada deram por reconhecida a presença do tal "mestre de linha", responsável pelo ritual do crente.

Mas o que vamos agora transcrever foi o que disse esse tal espírito, num tom aborrecido, queixoso: "Ora, logo agora, que o 'forró' estava ficando tão bom, é que vocês acharam de me chamar? A Chiquinha não quis vir. Eu vou fazer o que tenho que fazer, mas estou muito zangado. Imaginem que encontrei a Chiquinha atracada com F... de esfregação... a safada estava me traindo... Tive que brigar com aquele sujeito... ele correu e nós vortamo pro 'forró', quando me chamaram aqui...".

Após esse palavreado (do qual pedimos desculpas ao leitor, mas nosso propósito, aqui, não é fazer literatura, mas registrar fatos), o tal "baiano" participou diretamente no ato de "juremar" o crente e a sessão prosseguiu naqueles moldes, que lhes são próprios...

Depois, indagamos de pessoa mais entendida naquilo, o que o "mestre de linha" quis dizer com "ter deixado o forró, que estava tão bom... e que Chiquinha tinha ficado?"...

E nos foi esclarecido que "forró" era uma farra onde o tal "baiano" estava... e que ele tinha vindo aborrecido, porque sua companheira o estava traindo etc...

Com tudo isso, ficou-nos provado o que já sabíamos, isto é, "no reino do astral inferior", é como por aqui: existem farras, badernas, gafieiras, rancores, falsidades, ciúmes etc.

Existe sexo, luxúria, mancebia e outras coisas mais... e isso não é "bicho-de-sete-cabeças", porque, dada a inferioridade moral e consequente embrutecimento, esses espíritos são os mais materializados possível e, dentro de seus meios afins, procuram dar expansão a seus desejos, e a um mundo de sensações baixas, de todas as maneiras.

Quando dizemos que também há sexo, não se interprete isso no rigor do termo, no aspecto puramente físico ou carnal. Não! Mas que há junções e sensações tais produzidas de órgão astral para órgão astral, isso há... e a literatura que tem versado sobre tal questão foge de aprofunda-la, de vez que o assunto é escabroso e um tanto ou quanto perigoso para a mentalidade comum.

CASOS E COISAS DE UMBANDA

O prezado Irmão, nesta altura, já leu com atenção as partes em que tratamos das questões relacionadas com o astral inferior.

Naturalmente já tirou deduções e a quem sabe? fez até comparações com possíveis acontecimentos semelhantes de seu conhecimento, sobre terreiros etc.

Agora, vamos ilustrar mais ainda esses aspectos relacionados com o astral inferior, contando casos de que participamos diretamente, e o fazemos não a título de ressaltar eventuais poderes que possamos ter, mas com o intuito de reafirmar expressões muito usadas nos terreiros, quando dizem' constantemente que — "Umbanda tem mironga, Umbanda tem fundamento" e "quem sabe do segredo da Lei é "congá" e esse não fala" etc... e ainda que "pemba tem força e, quando bate, ninguém sabe por onde principiou nem por onde vai findar"...

CASO A — Há mais de quinze anos, tínhamos o nosso terreirinho em certa localidade e por ali processávamos nossas sessões, auxiliado por um elemento feminino que era nosso "cambono" (ou auxiliar direto) de fé, que chamaremos de Maria.

Essa criatura já nos seguia há muitos anos e era "cambono" do Pai G.

Vivia Maria em comum com um excelente rapaz que chamaremos de Mário, havia quase 10 anos.

Viviam bem, tinham um lar e a vida para eles transcorria em relativa paz e conforto.

Devemos dizer que Maria lutou muito para o equilíbrio social de seu companheiro.

Mas durante o tempo em que fomos fazer uma estação de repouso, de três meses, no interior, aconteceu um desastre na vida de Maria...

Quando chegamos, ela se nos apresentou completamente transtornada, perturbada mesmo, e chorando nos relatou o seguinte: Mário, seu companheiro, estava transformado. Havia descoberto que estava de amores com uma moça (que chamaremos de Alice)...

De pesquisa em pesquisa, Maria se inteirara dos detalhes desse novo amor de seu companheiro. A citada Alice era sobrinha de um famoso (na época "babalaô", conhecidíssimo pela alcunha de Fulano Coral e que Mário já estava frequentando o terreiro dele, com Alice)...

A separação estava praticamente resolvida por ele, de vez que a pressionava constantemente para o rompimento final.

Todavia, ela nutria ainda por ele grande afeição, mesmo porque já viviam juntos, e muito bem, há longos anos.

Quer Maria, quer Mário eram frequentadores de nossa humilde "gira", pois, conforme dissemos, ela era nosso "cambono".

Portanto, nada mais lógico do que mandar chamá-lo para clarear a situação. Antes de mais nada, queremos dizer que verificamos estar Maria debaixo de tremendas cargas do astral inferior, tudo indicando ser "coisa feita" ou "mandada"...

Mário compareceu, com Maria, ao nosso terreiro e, estando nessa ocasião incorporada em nossa esposa uma entidade de nome Tia Chica, submetemos a ela a questão, inicialmente.

A citada entidade olhou para Mário e começou a desfiar todos os seus movimentos com Alice e particularmente o que ocorria no terreiro de seu tio.

Disse, mais, que esse casamento (de Alice e Mário) estava praticamente resolvido pelo tio (Fulano Coral) e ainda lhe perguntou se na última sessão não o haviam feito sentar numa cadeira, onde havia, ao lado, um gato.

Tudo foi confirmado pelo rapaz. Foi quando Tia Chica lhe disse:

"Ainda há tempo de suncê se livrar disso tudo, quê?... Ao que Mário respondeu: "Não. Deixa como está para ver como vai ficar"...

Foram embora e, no outro dia ela manhã, nosso "cambono" P nos procurou para dizer que Mário já havia partido, com tudo que

lhe pertencia, ao encontro com Alice.

Foi quando o Pai G... entrou diretamente na questão, e teve um sério entendimento com Maria, dizendo-lhe que não lhe adiantaria prosseguir com aquele rapaz, pois ele antes mesmo dos processos de magia-negra usados pelo tio de Alice, já estava "virado" pela moça.

O que cabia era esquecer, pois ninguém é obrigado a viver com ninguém em regime de força.

Porém, cumpria rebater a demanda, os excessivos trabalhos forçados que o tio "babalaô" de Alice tinha endereçado contra ela, a ponto de ficar no presente estado de transtorno psíquico.

Imediatamente deliberou executar um sério trabalho ("na linha das almas", ou seja, relativo às entidades conhecidas como Exú-Caveira, Exú-Cruzeiro e outros dessa faixa).

Tudo marcado, subimos para certo local do mato, às vinte e uma horas de uma segunda-feira, apenas três pessoas: eu, minha esposa e Maria, nosso "cambono"...

Lá chegando, demos logo passividade ao Pai G... que começou a trabalhar com certos materiais, inclusive: vinte e uma penas brancas da cauda e da asa de um galo, as quais (segundo relato posterior) ia queimando, e pondo as cinzas numa tigela de louça branca, que continha uma espécie de mingau, e outros ingredientes, uma estátua pequenina de madeira de um santo (coisas que, naturalmente, foram usadas por lá).

Disseram-nos as duas acompanhantes que jamais passaram por tamanho estado de excitação, espirítica e emocional, como aquele que delas se apoderou durante o trabalho feito pelo Pai G...

No final desse trabalho, o citado Pai G... avisou que era a última vez que fazia esse tipo de trabalho, pois assim procedia forçado pelas circunstâncias, para salvar a vida do "cambono"; o seu caminho era de luz e esse tipo de trabalho não clareava.. "escurecia sua luz"...

Porém, anotassem o seguinte: — cada pena queimada era um dia de luta e no final dos vinte e um dias, tudo estaria no seu devido lugar. Aguardassem porque "a força de pemba era lei e a lei ia cumprir-se. Quem semeou ia colher". Disse ainda que esse caso estava encerrado para ela, Maria, de vez que Mário jamais voltaria à sua vida, mas que para o tio "babalaô" e sua sobrinha Alice tinha muita cobrança a se executar.

Passaram-se dezessete dias, quando, lendo uma revista de ampla circulação na antiga Guanabara, tomamos conhecimento, através de sensacional reportagem, do suicídio de Fulano Coral, o qual, antes de tão trágico gesto, naturalmente dentro de certo orgulho, para não confessar, deixou escrito que se suicidava por questões íntimas, e nunca "por força de pemba"...

O suicídio desse famoso "babalaô" da época foi comentado e interpretado de várias maneiras, as quais não nos cabem aqui contradizer, apenas estamos relatando a fria realidade de certos fatos a ele ligados, e cujos personagens envolvidos diretamente na questão estão quase todos ainda vivos.

Houve o desencarne também de Alice, a sobrinha do famoso "babalaô", antes dos sete anos de vida conjugal com Mário, debaixo de circunstâncias que passaremos a relatar.

Todas as pessoas, assim como Mário, sua irmã E, o esposo L, que foram padrinhos daquele casamento, que haviam frequentado nosso terreiro por muito tempo, e somente se afastando em consequência desse caso, porém continuando a se dar conosco, pediram-nos, certa ocasião, encarecidamente, que fôssemos à sua residência, fazer uma caridade a Alice, que desejava muito falar com o Pai G...

Fomos. E lá o Pai G... pode chegar à presença de Alice. Pelo que soubemos posteriormente, mantiveram longa conversação, e por certas nuances pudemos perceber que Alice, levada talvez pelo remorso do mal que ajudara a fazer, desejava ardentemente se libertar disso perante o dito Pai G...

Assim, de lá nos retiramos, também satisfeitos por termos Cumprido a nossa parte.

Passado um ano e pouco, encontramo-nos com Mário, que muito emocionado nos conduziu para dentro de um automóvel e relatou o seguinte:

"Há seis meses Alice tinha sido acometida de estranha doença. Foi internada, tratada com todos os recursos que a medicina pôde empregar e, não obstante isso, havia permanecido 19 dias quase que inconsciente. No fim, os médicos disseram que nada mais tinham a fazer; foi quando lhe quis procurar, mas não o fiz." Disse ter sido encaminhado para certo terreiro onde expôs o caso de sua esposa. Lá explicaram toda a questão. A coisa se prendia, desde o desencarne de seu tio, a certas cobranças, ainda em execução. Fizeram um trabalho após o qual Alice foi prontamente recuperada, saindo do hospital para sua residência, para uma vida normal. Entretanto, havia sido designado pelo terreiro um segundo e especial trabalho, que seria de grande importância para a vida de Alice. Tal trabalho foi realizado por Mário e outros dentro de grande expectativa, porque, se no cruzar da meia-noite (estava condicionado a isso) as velas de cera empregadas no trabalho se apagassem, a Vida de Alice seria virtualmente cortada. Caso contrário, estaria salva. Mas, no auge da expectação, Mário viu quando, exatamente à meia-noite, se apagaram todas as velas. Três dias após, perfeitamente bem de saúde física, quando conversava com o esposo, Alice desencarnou suavemente. Não havia ainda completado sete anos de vida conjugal.

Um comentário: O citado "babalaô", com seus trabalhos de movimentação com o astral inferior (magia-negra), perturbou o carma individual de Maria e de Mário, que juntos, em lutas comuns, resgatavam, de vidas passadas, sérias dívidas.

Torceu vidas, empregando forças baixas, para dar à sua sobrinha aquilo que, certamente, não era o que lhe estava destinado dentro da Lei.

Note-se ainda que, com o pomposo título de "Fulano Coral", ele criou em muitas mentes dúvidas e impressões, uma vez que o guia que assim se denomina, e que tinha sobre ele ordens e direitos de trabalho, não tem, e jamais terá, objetivos tão baixos.

Usando esse nome, e orgulhoso da cobertura que essa entidade lhe deu no passado, desceu ao plano da vaidade e do domínio inferior. Desse modo, havia que colher o que semeava, recebendo o retorno de seus desmandos, de suas atividades escusas.

A entidade que se denomina Coral deixara, há muito, o seu aparelho ao léu... a fim de que aprendesse, nos aspérrimos caminhos do retorno, quanto doem a indisciplina e a fuga dos caminhos da Lei.

Mirem-se nesse espelho quantos por aí se arvoram a "mestres do assunto".

O que houve de fato por baixo, pela terra-a-terra, foi um retorno fatal, uma cobrança pelo entrechoque de uma demanda, sobre o tão endividado carma do "babalaô".

Prevaleceram as ordens e os direitos de trabalho de quem estava em dia com a Lei, e essa se fez cumprir.

Eis um caso do qual o leitor deverá tirar suas conclusões, e naturalmente ficará ciente de que magia-negra é arma perigosíssima, corta para cima e para baixo, dá e tira.

CASO B — Há trinta anos, tivemos um outro caso, que servirá de exemplo para os que ainda não estão aclimatados com as manhas do astral inferior e com as regras da magia.

Fazer e desfazer, cortar e encaminhar, têm seus "segredos"...

Naquela época, os padrinhos de nossa filha pediram nossa intervenção para o caso de sua mãe e sogra, Dona N... que tinha chegado de São Paulo completamente "avariada".

Jamais em nosso lidar de vinte e tantos anos pudemos apreciar semelhante caso de obsessão. Dona N... era um médium espontâneo e morava num primeiro andar de um imenso casarão na Rua da Liberdade, São Paulo, e de lá foi que chegou com toda essa complicação psíquica e astral.

Somente os que presenciaram as crises terríveis de que era acometida constantemente Dona N... sabem quão espinhoso era aquele caso...

Basta dizer que ela não podia alimentar-se direito, porque os alimentos, em sua imaginação exaltada, neurótica, se transformavam em bichos, vermes etc.

Nem banhar-se direito também podia, a não ser forçada, pois via na água coisas estranhas, as quais a apavoravam loucamente.

Agimos. Com uns trinta dias de luta, e especiais trabalhos, conseguimos equilibrá-la bastante, afastando completamente todo aquele astral inferior ou obsessor que a estava perturbando, aniquilando mesmo a sua saúde física e psíquica.

Então, foi assegurado a sua filha (nossa comadre) e genro que ela já podia voltar para São Paulo, mas não para a sua residência. Tinha que se mudar para outro local, de qualquer maneira.

Temerosos de uma recaída em Dona N..., sua filha e genro, pediram-nos para acompanhá-los a São Paulo, em face de ter ela adquirido, nessa altura, grande confiança em nossa pessoa e até que acertassem por lá a situação final.

Fomos. Chegamos ao tal casarão da Rua da Liberdade, porque ainda não tinha sido possível a mudança aconselhada.

Nos primeiros dois dias, foram horríveis as reações de Dona N..., no primeiro andar onde morava. Imediatamente Pai G... fez sentir a necessidade inadiável de transferi-la, fosse para onde fosse. Removeram-na para a casa de uns amigos.

Ficamos com esses compadres no casarão, e foi quando chegou a nossa vez...

As noites que ficamos insones, debaixo de estranhas sensações, ruídos e perturbações várias, tiveram seu desfecho quando, certa noite, vimos claramente se nos apresentarem três seres do astral: um padre ainda novo, com um sinal preto no rosto, um rapaz claro de boa estatura, de uns trinta anos, e uma velha de aspecto esquisito.

Essa três personalidades astrais passaram a insultar-nos, a ameaçar-nos de terríveis vinganças, repetindo sempre que iríamos pagar caro a nossa intervenção naquele caso (interessante: Dona N... queixava-se amargamente dessas três personalidades astrais, culpando-as mesmo de a terem levado àquele estado). Quanto a isso, imediatamente tornamos certas providências.

Mas o pior aconteceu de outra maneira um tanto ou quanto ligada a essa...

O térreo do casarão era uma fábrica de calçados do senhor B, o qual estava debaixo de uma derrocada, de urna decadência comercial e financeira tremenda, pois seus inexplicáveis prejuízos o tinham deixado a pão e água...

Assim que nos viu liberto do caso de Dona N..., veio a nos implorar que o ajudássemos, que víssemos o que estava havendo em sua vida.

Dissemos-lhe então que, após as vinte e uma horas, desceríamos para uma análise do caso que nos apresentava. Enquanto descansáva-mos deitado, aguardando a hora de descer, fomos vendo estupefato, na escadaria que dava acesso ao térreo, figuras horríveis, pavorosas, que nos ameaçavam também de vingança terrível, caso tentássemos descer.

Mas, como éramos nessa ocasião mais inexperiente e mais deste-merosos do que hoje, e tínhamos, como sempre tivemos, confiança em nossa cobertura espiritual, descemos.

Lá chegando, armamos certo trabalho de descarga, e fomos compe-lidos, instintivamente, a mexer numa pilha de formas de calçados. Qual o nosso assombro, quando puxamos dali um amontoado de cabelos, ossos humanos e outras coisas.

Esclarecemos para o senhor B... todo o caso, identificamos o autor de semelhante trabalho (que não nos cabe aqui detalhar).

Executamos a descarga, durante a qual nos deram muito trabalho duas pessoas que nos acompanharam, dada a tremenda influenciação que sofreram durante aquele ato.

Ora, isso foi um trabalho que desmanchamos de pura magia-negra, feito e pago para tal objetivo.

Porém, aconteceu que a vítima, na ocasião, não tinha meios financeiros para adquirir os elementos materiais necessários (visto termos usado na descarga um resto de material que sobrara do caso de Dona N... e que adaptamos às circunstâncias) para o encaminhamento final desse trabalho de desmancho.

Perguntou-nos, depois, o senhor B..., se não seria possível terminarmos aquilo por aqui, pelo nosso terreiro, e como isso implicaria certa despesa, não sendo justo nem da lei que rege tal assunto que a fizéssemos às nossas expensas, deu-nos uma duplicata de pequena importância, para que pudéssemos receber e aplicar no caso (essa duplicata era de uma casa de calçados, em Niterói).

Não havendo outra saída para o caso, aceitamos a situação. Regressando de São Paulo, demos, dias depois, sequência ao dito trabalho, e fomos então a Niterói para receber a pequena importância da duplicata.

De fato, recebemo-la. Tomamos a barca de volta e, quando estávamos assentados, debaixo de certa sonolência, olhamos repentinamente um senhor mulato, que estavam à nossa frente de pé, a uns três metros, e pareceu-nos que se transformava num estranho ser, assim como um gigantesco morcego, o qual começou a exercer uma esquisita fascinação em nossa vontade, a ponto de, subitamente, nos encaminharmos para a porta lateral da barca, dentro da vivíssima impressão de que nos iríamos lançar na água.

Foi quando conseguimos estacar a borda da entrada lateral da barca, gritando intimamente para nossa Entidade de Guarda.

Dali chegamos à Praça 15, saltamos e fomos para casa um tanto quanto "aéreo" psiquicamente. Tivemos a sorte de, ao chegarmos a casa, encontrar uma entidade baixada em nossa esposa, de nome Ogum Iara, que consultava nosso cambono do caso anterior.

A ela nos dirigimos para salvar, quando nos falou o seguinte: "Vosmicê veio acompanhado. O bicho é feio... tem umas asas grandes, não é?"

Então, demos execução às primeiras providências, até que finalizamos essa questão com o trabalho que o caso exigia.

Isso tudo nos produziu grande desgaste de energia, a ponto de termos que fazer uma pausa em nossas atividades, para recuperarmos as forças perdidas.

Enfrentar descargas e desmandos de magia-negra é tarefa dura. Exige grande atividade e conhecimento, pois que, se viemos com aquele tremendo acompanhamento, foi porque não demos o caminho certo, na hora certa, ficando sujeito até ao desencarne, pela entidade negra, que cobrava e queria o que era seu, de vez que havia sido afastada à força.

Somente salvou-nos a cobertura de nosso bom amigo do astral que nos garantiu até à "gira". Isso serve para a meditação de muitos médiuns, que pegam trabalhos a "torto e a direito", sem os necessários conhecimentos para encaminhá-los, ficando sujeitos ao "estouro final dessa acumulada magia negra"...

CASO C — Este caso que agora vamos relatar, e para o qual chamamos a especial atenção do leitor, é um dos mais complexos e dolorosos que pudemos constatar, pois a pessoa nele envolvida foi durante longos anos um amigo de estreitas relações conosco.

Antes de entrarmos no ponto essencial, temos que fazer um ligeiro histórico da personalidade desse amigo, o qual denominaremos Mariano.

Mariano era alto funcionário de uma repartição policial e até aos 47 anos sua vida transcorrera dentro das normas comuns, isto é, até aquela idade só se havia preocupado com a Vida material, funcional etc., e como era um homem bem-posto, cheio de vitalidade, tivera, como era natural, dentro desse seu sistema de Vida, vários casos amorosos.

Cumpre frisar que não tinha religião, mas, se não acreditava em nada, de nada também desfazia; assim passava a vida, com seus hábitos, com seu lar, com sua companheira Sandra; criatura essa de gênio forte, imperioso, mas que ele dominava a ferro e fogo...

Pois bem, havendo a companheira sido acometida de grave enfermidade, além de outras circunstâncias que se precipitavam, Mariano passou por grandes abalos nervosos, excessivas preocupações, a ponto de, mal a companheira se levantou do leito, mais ou menos restabelecida, ele caiu violentamente enfermo.

Sintomas vários mascaravam sua real enfermidade, o ponto nevrálgico de seu sofrimento, imprimindo em seu psiquismo tamanho descontrole, porque era acometido de tremendas crises.

Nessa altura, escusado dizer que a assistência médica que tinha era intensa, incluindo-se nela um compadre catedrático de medicina, Dr. S.

A par de todo esse descontrole, surgiram-lhe também tosses violentas com todas as características de uma fraqueza pulmonar; os médicos que assistiam Mariano (inclusive esse compadre médico, que era umbandista) já tinham praticamente diagnosticado a inoperância de qualquer medicamento, de vez que ele se encontrava nas últimas.

Reuniu-se a numerosa família numa sala, aguardando o desencarne de Mariano. Foi quando esse seu compadre (o catedrático de medicina Dr. S.), ficando sozinho com D. Sandra junto ao enfermo, disse-lhe que, pela medicina, o caso estava liquidado, mas que lhe tinha sido dado ver, na cabeceira de Mariano, um vulto para recendo um preto-velho; que ia repousar, tendo como certo o próximo desenlace, mas que estaria atento para as providências que o caso exigisse.

Aqui, temos a relatar o que o próprio enfermo nos contou depois...

Disse-nos ele: viu chegar (dentro daquele estado de inconsciência física, mas assim como se estivesse consciente por fora do corpo) uma entidade possante, tipo caboclo, com uma espécie de armadura, montado num cavalo, apear, cruzar (cortar em cruz) o ar com uma espada e estendê-la depois sobre ele, mandando-lhe que observasse o que se passava...

Mariano então viu seu corpo num caixão, como "morto", e a casa cheia de parentes e pessoas amigas, enfim, um desfile nos moldes sociais, comuns a quem tem vastas relações e certa categoria na vida humana.

Foi quando ele Mariano começou a ver com os olhos da alma quanta hipocrisia e quanta aparência por ali estavam acontecendo. Revoltado, começou a clamar: "Não quero essas coroas! Para que esse fingimento!?"...

Agora, cabe ligar esse final ao relato da companheira de Mariano, D. Sandra, que estava sozinha com ele no quarto. Disse ela:

"Vi subitamente Mariano, que estava imóvel, como que 'morto', começar a falar (as mesmas reclamações que citamos acima) e tendo acendido uma vela, preparou-se para chamar os familiares, só não o fazendo porque naquele instante, Mariano já se havia levantado do leito e, sentando-se, foi falando assim... 'Óia, frô Sandra, num tenha medo, Preto-Véio T... tá aqui'...".

Então foi quando a D. Sandra pensou que Mariano havia enlouquecido e chamou apenas uma filha mais velha dele, para testemunhar algo que ela pressentiu de modo diferente.

Dali, para não entrarmos em detalhes nesse particular, "Preto-Véio" acertou com D. Sandra uma série de providências para o tratamento de Mariano, dizendo ao mesmo tempo que vinha em missão e que depois acertaria o resto.

Precisamente com sessenta dias, Mariano já se encontrava quase curado. Basta dizermos que, no curso dos primeiros cinco anos, essa entidade fez curas, fez trabalhos incríveis (secundado por um caboclo de nome Sete...), ao mesmo tempo que Mariano modificava completamente todo seu sistema de vida material.

Passou uma esponja no passado e tomou estatura espiritual, a ponto de viver exclusivamente dedicado ao "seu santo", ou à função mediúnica, dentro da pura linha da caridade...

Se fôssemos relatar tudo que aconteceu, por força da função mediúnica desse amigo e irmão, um livro de quinhentas páginas não seria suficiente...

Mas, como nosso objetivo é relatar um certo ângulo (mesmo em memória dessa amizade, pois já é desencarnado) que implicou diretamente em sua queda, pelas artimanhas nefandas de um baixo-astral contrariado e mesmo pela facilidade com que a inexperiência cooperou para isso, voltemos ao ponto em que atuamos diretamente no caso.

Corria o ano de 1956 e precisamente no mês de setembro, após o lançamento de nossa obra "Umbanda de Todos Nós", estávamos na "Gazeta do Brasil", quando recebemos, dentre os inúmeros telefonemas, um, cuja voz, excitada, assim se comunicou: "Professor Da Matta, aqui fala o Mariano; acabo de ler sua magnífica obra, considero-a ímpar até o momento e necessito urgentemente de um contato direto com o senhor, pois estou passando por uma situação terrível, precisando de orientação e esclarecimentos. Pode vir à minha residência, na Penha?".

Respondemos-lhe que sim, marcando dia e hora e lá fomos ter. Penetrando na residência de Mariano, de imediato nossa sensibilidade acusou estar tudo por ali em tremendo alvoroço psíquico, emocional e astral.

D. Sandra, companheira de Mariano, estava pronta para a separação, e as próprias filhas nem mais falavam com o pai.

O local de seu "congá" estava fechado, em estado de abandono...

Foi quando ele nos conduziu para um lugar reservado da casa e relatou-nos o seu drama, e à proporção que o desenrolava, pudemos ir sentindo quanta angústia, quanta agonia, quantos dissabores, quanta perturbação ia naquela alma.

Em síntese, foi o seguinte o seu caso: em 1955, após uma longa atividade mediúnica, sentindo-se esgotado, Mariano se preparava para um repouso na roça, quando lhe surgiu uma senhora idosa que ali fora, louvada em sua fama, que já era grande, e implorou-lhe que atendesse ao caso de uma sua filha, completamente louca.

Mariano não quis atender, pelo menos naquele período em que ele estava sentindo-se saturado, mas sua companheira, movida talvez por uma fé cega, insistiu bastante, dizendo-lhe:

"Está com medo de quê? Você tem os velhos ou não tem?!"...

Diante dessa pressão e do estado angustioso da mãe da moça doente, começou por pedir na sessão da noite a interferência de sua entidade protetora, a qual fez um certo trabalho para que a citada moça fosse ao terreiro, de vez que nem de dentro de casa podia sair, dado seu deplorável estado.

Após isso, a moça veio ao terreiro de Mariano e o tratamento foi iniciado. Durou algumas semanas.

Foi quando o pai T... marcou o trabalho final, frisando repetidas vezes a gravidade do caso e do trabalho que implicaria no afastamento decisivo de todos aqueles inimigos astrais daquela moça, que assim cobravam dela o tributo de um carma pesado; disse ainda que esse trabalho final era de vida e de morte, exigia especiais cuidados.

Para isso determinou procurassem local adequado na roça, onde pudessem contar com uma cachoeira, mata etc., e sobretudo que só podiam acompanhar seu aparelho nesse trabalho final as pessoas que escolheu imediatamente.

Cabe agora entrarmos com duas particularidades: a moça louca já estava quase que restabelecida e também já tinha surgido nas sessões uma sua irmã que chamaremos de X, criatura nova, bonita, prendada e solteira.

Lembrados tais fatores, voltemos ao ponto em que todos os escolhidos, inclusive a ex-louca e sua mãe, já se encontravam no local preparado.

Lá foi que aconteceu um certo imprevisto de influência decisiva nos acontecimentos posteriores: a chegada de parentes de D. Sandra e da dita moça, que, se bem que fossem frequentadores das sessões, não eram pessoas que pudessem ser consideradas de fé e não tinham sido escolhidas para esse trabalho final.

Uns chegaram até a levar radiovitrola, outros vidros com batidas (mistura de cachaça com limão etc.) como se tivessem ido mais ' ou menos para um piquenique ou para horas de alegria em plena natureza.

Certas coisas ou certos acontecimentos que se deram particularmente entre Mariano e X (irmã da ex-louca) foi que nos deixaram, durante bastante tempo, sem saber como interpretá-los, de vez que Mariano nos contara de um jeito e sua companheira Sandra de outro.

Somente após o desencarne de Mariano e dentro de toda angústia e de todo o drama que ele viveu intensamente durante oito anos mais ou menos e do qual, fomos confidente e testemunha, dada a estreita ligação que mantivemos daquela época para cá, hoje podemos dizer o que realmente aconteceu, desde aquele fatal instante em que se deu a interferência de pessoas não escolhidas para a fase final daquele trabalho vital.

Então entremos diretamente: Ora, a tremenda responsabilidade que os guias de Mariano haviam assumido em face do pesado carma da ex-louca, e a consequente luta gigantesca que mantiveram, a fim de frenar, dominar e afastar os obsessores que a queimavam, a ponto de já do berço vir naquele estado, não foi brincadeira... não foi um caso comum de desobsessão.

Assim, quando tudo estava finalizando, armado e projetado para o lance decisivo dentro da expressa recomendação de que "tal trabalho seria de vida ou de morte", houve, talvez, já como último recurso do astral inferior, o aproveitamento e consequente influenciação sobre aquelas pessoas que vieram e assim assumiram um grande domínio da situação, que estava praticamente perdida, para esse dito astral inferior.

Portanto, foram logo se aproveitando daqueles parentes de D. Sandra e da moça ex-louca, projetando cargas iluídicas e certos estímulos sobre eles, nos quais são mestres, conseguindo atordoar e criar complicações... dada naturalmente a inexperiência dos participantes, mesmo em face das expressas recomendações da entidade mentora de Mariano.

No pé em que assim acontecia, Mariano começou a sentir-se atordoado, pois que a outra moça (irmã da ex-louca) já havia até caído de um cavalo, quando passeava, e torcido um braço...

Dentro desse estado de preocupação, a par com certos desentendimentos que surgiram entre ele e D. Sandra, que estava ficando enciumada de X, deu-se que o caboclo "Sete..." incorporou em Mariano com grande violência e o conduziu para dentro da mata. O que aconteceu por lá ninguém sabe, o fato é que voltou... e disse: "a situação é grave... querem 'estourar de um jeito', mas vou ver o que ainda posso fazer... Vocês estragaram quase tudo. Digam ao meu aparelho para descer (ir à sua residência da Penha), que lá precisam de socorro urgente...".

Mariano desceu e chegando em sua residência encontrou suas três filhas gravemente enfermas, à morte.

Aí, foi que temeu mesmo e acovardou-se, atordoou-se mais ainda, perdeu o controle; foi quando o Pai T... se manifestou e trabalhou intensamente sobre suas filhas, deixando-as restabelecidas.

Cumpre ainda ressaltar que as pessoas que estavam ligadas a esse médium não tinham conhecimentos, nenhum estudo, nenhuma experiência, e as entidades de Mariano praticamente estavam sós... Na parte humana não tinham o necessário apoio.

Dali, finda essa tarefa, Mariano voltou à roça e lá manifestou-se novamente o caboclo "Sete...", mandando que todos regressassem, de vez que o "estouro" já estava feito, as consequências iriam surgir, mas a moça acabaria mesmo ficando completamente curada e que ele tinha feito uma combinação com a parte contrária (que entre o pior, essa seria a melhor, pois havia contentado & sanha dos obsessores de um certo modo).

Agora, entra a parte crucial, dolorosa, do caso...

Tudo parecia estar normalizado, mas, durante o carnaval, Mariano já pronto de viagem para o interior, a fim de descansar, sua companheira Sandra entrou em desentendimento com ele, resultando disso que ela foi com parentes para uma fazenda e Mariano ficou com duas filhas, inclusive a irmã da ex-louca que ali passava dias.

Ã noite, a filha mais velha convidou Mariano a um passeio na Avenida Rio Branco, juntamente com X, admitindo talvez que isso começasse a acontecer quando X lhe deu o braço para atravessar a multidão.

Desse ponto até em casa, não foi mais senhor de suas emoções, mormente quando percebeu que X também estava muito perturbada com esse contato.

Após chegarem à residência, movido por estranho impulso, convidou X a sair novamente com ele a sós... e aconteceu o inevitável entre os dois.

Depois Mariano alugou uma casa para X e essa deixou a família... Após um ano, nasceu uma linda criança do sexo masculino, hoje já crescida etc...

Contar aqui os horrores e a desmoralização que lançaram sobre Mariano, o estado de choque e a barreira que se interpôs logo entre ele, D. Sandra e suas filhas, não interessa ao objetivo; mas foram quase oito anos de tragédia, de angústias e de solidão e incompreensão moral espiritual, quebrada apenas com a nossa presença, pois que fomos o esteio, o apoio, "o anjo da paz" na vida de Mariano e Sandra.

Era doloroso ver como Mariano sofria terrivelmente ao recordar todo brilho de sua coroa perdida e o remorso que constantemente o acometia, porque se julgava um tanto quanto culpado, não obstante a fria análise que fazíamos, reiteradas vezes, daqueles acontecimentos...

Acabou vencido por uma profunda neurose, incompreendido e maculado por todos e particularmente pela sua companheira, que nunca se conformou com nenhuma explicação daquilo que enxergava apenas como sua fraqueza por mulher...

Escusado dizer que todos os íntimos das suas sessões também se afastaram de Mariano, espalhando o caso, conforme suas mentalidades alcançaram.

Não vamos nos estender em maiores detalhes, porque seria fastidioso para o leitor, mas basta dizermos que, o que mais doía na alma de Mariano, foi quando sentiu diretamente a ausência de seu "Preto-Velho", levando muito tempo para compreender o seguinte: o preto-velho, "como chefe de sua cabeça", havia feito as recomendações especiais quanto a esse trabalho e por duas ou três vezes baixou, deixando para ele recados com D. Sandra, "que tivesse cuidado pois a tentação podia vir em forma de mulher"... o que ele, cremos, não levou na devida conta... se bem que, ao mesmo tempo, julgasse que assim havia acontecido, já por "força da demanda", pegada numa época e que devia ter recusado, visto se encontrar 'saturado psiquicamente da lida mediúnica.

E, prezado Irmão, um caso difícil de julgar, porque quem julga com precisão de causa são os Tribunais de cima, e nós humanos nos pautamos apenas pelos efeitos.

Por que Mariano foi abandonado pelos seus guias?

Por que recaiu mediunicamente?

Mas essa decaída não pode ter sido em consequência dessa demanda, dessa "rasteira do baixo-astral"?

Essa moça X não foi imolada como a condição arregalada entre os guias de Mariano e esse baixo-astral, como a condição exigida e aceita de... "entre os males ficar com o menor"?...

E o pior não seria o desencarne das três filhas de Mariano, pelo revide do baixo-astral, visto a moça ter ficado boa e esse ter Voltado a dominar a situação?

E, finalmente, por que X serviu de "bode expiatório" nessa Intrincada demanda?

Não seria devido a que seu próprio carma exigisse tributo semelhante?

Prezado Irmão, Mariano não perdeu as suas entidades tão somente por esse caso ou pelo fato de ter feito o que fez com X, como revide ou como compensação estabelecida entre as partes em litígio.

Perdeu porque o abalo moral foi tão grande, viu-se tão desprezado por tudo e por todos, jogado de tal maneira a rua da amargura, que descontrolou completamente seu sistema nervoso, sua saúde física, entrando em profundo abalo cardiocirculatório, tudo de par com a profunda neurose que adquiriu e para a qual era propenso.

Enfim, Mariano passou a cometer uma série de desatinos dentro do lar, criando durante todos os últimos anos de vida tal situação, tal ambiente de incompreensão geral, tornando-se impossível sua reintegração moral-mediúnica, caindo num tremendo exclusivismo mediúnico, ou seja, naquilo que já tantas vezes debatemos: — por vaidade, por brios ofendidos, quis manter a todo custo o peso de uma coroa sem ter mais condição.

Moral do caso: — Em trabalhos dessa espécie, ou que se assemelhem, há que se ter "cancha", isto e, experiência para se cercar dos cuidados necessários, sabendo-se que os guias e protetores, por mais firmes que sejam, ou por mais que estejam conosco, não podem resolver tudo, enfrentar tudo, decidir tudo, sem a colaboração firme, consciente e responsável de seus aparelhos e pessoas auxiliares.

Isso é tão lógico quanto o respeito ao livre-arbítrio de cada um, os percalços da natureza cármica de cada um, e sobretudo é imprescindível a necessidade de agirem em aparelhos dentro de um .acentuado controle psíquico, orgânico etc...

CASO D — Este caso, Irmão, você vai verificar como se assemelha ao precedente, porque existe também uma "rasteira" dada pelo astral inferior, no final das coisas...

Apenas neste caso o médium caiu, desmoralizou-se, andou como um louco até que pela nossa interferência direta, aliada ao imenso desejo que tinha de se levantar, acabou conseguindo se reintegrar ou se reerguer...

Vamos aos fatos, que a pessoa em foco nos pediu para relatar também, pois serviriam de alerta ou de bússola para muitos...

José (esse o nome que vamos dar-lhe) havia passado pelo esoterismo e por lá tinha até um alto grau, e por circunstâncias à parte saiu e teve uma certa derrocada na vida material e funcional, pois era, e é, funcionário.

Dentro dessa situação, conseguiu transferir-se para uma cidadezinha do antigo Estado do Rio.

Um tanto ou quanto desiludido, desesperado, descrente, foi bater num terreiro de Umbanda ali existente, na ânsia de socorrer uma filha enferma, posteriormente falecida.

Com sua frequência nesse terreiro, numa sessão, foi tomado por uma entidade de maneira. brusca, espontânea, a qual se identificou como "caboclo C" (contava nessa época uns 49 anos, muita saúde, disposição psíquica etc.).

Nesse terreiro permaneceu em função mediúnica durante 10 anos. Todavia, por lá quase nada aprendeu de Umbanda propriamente dita. Serviu, apenas, para que sua função mediúnica se exercitasse.

Além disso, a sua preparação nesse setor foi feita por uma "Yalo-rixá"...

Afastou-se desse terreiro também, espontaneamente, visto que a citada "Yalorixá" acabou decaindo por vaidade, dinheiro e outras coisas mais...

Indo à Bahia, fez amizade com uma "senhora X", que nessa ocasião também lhe apresentou uma moça nova, de uns 26 anos, casada, que chamaremos de Dulce, à qual prestou ligeira atenção.

Oito meses após seu regresso, numa bela tarde, viu, surpreso, descer na estação de sua cidadezinha a "senhora X" acompanhada de Dulce, que o procuravam ansiosamente.

Logo lhe foi explicado pela "senhora X" que trazia dona Dulce para se tratar com o seu caboclo, posto que essa moça estava completamente perturbada, já tendo corrido Ceca e Meca.

José levou-as para a sua residência, e pôde constatar a gravidade do caso de dona Dulce, que apresentava todos os sintomas de demência, obsessão, possessão, de tal monta, inclusive com uma manifestação escandalosa, anormal, baixa mesmo, de um espírito se dizendo "Catarina".

Esse médium (atualmente nosso amigo) pegou o caso por conta própria, "no peito e na raça", sozinho, lutando desesperadamente, apelando para o auxílio de seus protetores, mas, dentro da inexperiência e da falta de um aprendizado, que não recebeu no terreiro que frequentara durante 10 anos.

Quando dizemos que tratou do caso "a ferro e fogo", é porque empregou os métodos mais duros que conhecia, como seja, descargas de fogo, despachos pesados, e consequentemente entrou em tremenda demanda astral; basta dizer que em apenas 10 dias José perdeu 12 quilos, e após 30 dias de luta, Dona Dulce estava praticamente equilibrada, já recebendo uma entidade que se identificava como "cabocla H...".

Nesse ponto, o astral inferior que castigou dona Dulce, revoltado, despeitado por ter perdido a parada, antes de sair definitivamente da órbita mediúnica dela, lançou um último golpe e de tal forma, que pegou.

Como procedeu? Estudando os pontos fracos dos dois médiuns em ação, verificou serem predispostos às atrações do sexo e lançou tamanhas cargas fluídicas de estímulos que, inexplicavelmente, se atraíram, caindo nos braços um do outro.

E deu-se a "melodia"... Tudo transformou-se para José. Sua esposa, muito distante da menor compreensão sobre o assunto, provocou os piores escândalos, obrigando dona Dulce e sua companheira a se retirarem imediatamente de sua residência.

A desmoralização de José, na cidadezinha, foi completa e o pior se deu quando, acometido de grave enfermidade nos rins, e outras complicações mais, foi obrigado por isso & hospitalizar-se. Era desesperador o seu estado.

Conseguiu superar essa parte, porém tomou-se presa de estranha angústia e ligado emocional, astral e espiritualmente ao carma de dona Dulce.

Sofreu e padeceu durante um ano e meio os horrores de incompreensão, do escárnio geral, inclusive dentro de seu próprio lar, de onde a paz fugira completamente.

Apoderaram-se de José estranhas manias, perturbações várias, idéias fixas, e a mania cada vez mais forte de suicídio, de vez que Só tinha no pensamento a tal moça que tanto o preocupava.

Dentro desse estado desesperador, obcecante, tendente ao suicídio, desmoralizado, foi que nós o conhecemos.

Deu-nos grande trabalho situar a questão para o seu entendimento, esclarecê-lo nos pontos essenciais que o perturbavam e levá-lo à compreensão de que a sua reintegração moral-mediúnica era a única coisa que poderia trazer-lhe certa paz.

Em José encontramos o que não havia no outro amigo do caso anterior, isto é, o desejo de superar-se, de livrar-se de tudo o que o atormentava, enfim, desejava a paz sob qualquer condição.

Foi quando lhe apresentamos dois caminhos: Dulce ficaria apenas sua amante, dentro da vida comum, o que é até considerado coisa corriqueira (porque "pecado", mesmo, só é "pecado" quando a própria consciência nos acusa disso, de vez que certas injunções, reajustamentos, decorrentes da execução da lei cármica, fogem completamente ao juízo da humana autoridade) ou deixaria de lado esse aspecto para assumir sua paternidade espiritual, pois, dentro da Corrente Vibratória de Umbanda, pela ação e reação mágica de seu movimento, seria impossível juntar sexo, magia e paternidade espiritual.

Havia que escolher: ou paternidade espiritual, ou parte emocional, sexual, comum, corriqueira. De par com isso, também situamos para dona Dulce o mesmo dilema. Ambos relutantes, lutando desesperadamente contra as reações íntimas de suas naturezas, acabaram concordando em que prefeririam ficar com suas forças mediúnicas, queriam a Umbanda como ela era e é, passando a lutar dentro desse objetivo.

Deu-nos um grande trabalho polir certos ângulos da personalidade de José, aparar certas arestas de sua impetuosidade, e o testamos definitivamente quando lhe propusemos um trabalho especial, sobre o qual ele iria jurar a sua fé de ofício.

Submeteu-se ao preceito, e foi vencendo tudo, paulatinamente, a ponto de abrir terreiro e fazer a cobertura espiritual de dona Dulce, sobrepondo-se assim às atrações do coração, e às afinidades sexuais que nutriam um pelo outro.

Tudo isso levou catorze meses para combater, educar, reintegrar.

Hoje em dia, apesar de sua natureza emocional sofrer a solidão do afastamento físico, emocional etc., José está firme e decidido; voltou-lhe toda a cobertura espiritual-mediúnica, causando-lhe bastante paz, satisfação e conforto íntimo, dando-lhe forças para continuar renunciando.

CASO E — Este caso que agora passaremos a relatar serve para demonstrar que o mal existe, a dúvida existe, e que o médium dirigente ou responsável está sujeito a um mundo de coisas, porque na Umbanda não escolhemos o caso que queremos, somos forçados a pegar aquele que nos bate à porta.

Isso passou-se nos albores de nossa função mediúnica e quando ainda a experiência não nos havia encanecido nesse mister.

Ao cair da tarde de uma sexta-feira, no ano de 1949, estávamos sentado, com a esposa e a sogra, em frente de nossa casa, quando divisamos, descendo a estrada que vinha dar em nossa porta, dois homens que conduziam um terceiro, de cor negra, numa cadeira servindo-lhe de padiola.

Quando, perto de nós, pousaram no chão a cadeira, olhamos o homem de cor, que nem podia gemer mais, tais as contrações de dor.

Toda a sua perna direita estava extremamente inchada, a ponto de o botinão que calçava estar tão apertado que nem tirá-lo ou cortá-lo havia sido possível.

Disse-nos Paulo, um dos que o conduziam, que o caso era para nós, visto aquele homem ter pisado uma "macumba" de manhã e daí ter começado a passar mal daquela forma.

Ficamos apavorado, porque a perna do homem apresentava sinais muito evidentes de tétano, conclusão a que o médico que o examinara também havia chegado.

Mas, fomos para a nossa "gira", lá concentramos e o Pai G., houve por bem chegar. O fato é que trabalhou na perna do homem de tal forma, que até lhe foi possível, mesmo se arrastando, ir a certo local indicado, ali por perto, fazer a descarga do trabalho executado por Pai G...

Depois, tornaram a pô-lo na cadeira, e debaixo de nossa expressa recomendação de que voltasse imediatamente ao médico, pois temíamos a precipitação do tétano, foram embora.

No outro dia — sábado — estávamos de novo sentados no mesmo local, em nossa casa, quando vimos aproximar-se um homem de cor pisando firme e decidido, o qual chegou à nossa frente, agradeceu-nos o bem que lhe havíamos feito, dando-nos de presente um embrulho de frutas.

De princípio, ficamos confusos, e perguntamos ao homem: "O senhor é aquele mesmo que veio ontem aqui?" Ao que nos respondeu, batendo na perna direita: — "Sou eu mesmo; não sinto mais nada, estou bom".

Retirou-se, e ficamos olhando-o até sumir por trás de um morro próximo.

Porém, não pudemos conter a dúvida sobre aquela estranha cura, e dissemos para a esposa e a sogra: — "Vocês acreditaram nessa 'macumba' — feita ontem, pegada ontem, trabalhada ontem e curada hoje? Eu não!".

Ao que nos respondeu a sogra: "Ora, seu Matta, pois nós não somos testemunhas? Nós acreditamos, sim!".

Podíamos encerrar o caso aqui, se não fosse o que nos aconteceu à noite. Dormíamos, quando fomos acordados por suaves latidos de um cãozinho que tínhamos, de nome "Pegi", o qual nos puxava com a sua patinha.

Levantamos, pensando ser ladrão. Observamos tudo, e nada. Voltamos ao leito, e novamente repetiu-se a mesma cena do cãozinho. Fomos ainda verificar o quintal, pensando ser algum animal que rondasse por perto. Nada. Tudo deserto.

Daí já voltarmos ao leito desconfiado de algo do astral. Deitamos novamente e instintivamente olhamos para o relógio, verificando ser quase meia-noite. Súbito, estranho mal-estar de nós se apoderou, pois nossos olhos físicos viram perfeitamente, na parede branca, de frente, fantástica figura, da qual só nos lembramos bem do tórax para cima: tinha um comprido e fino pescoço, que sua tentava pequena cabeça, de cuja cabeleira só podemos dar uma ideia se dissermos que era assim como um amontoado de cipó comprido como a piaçaba; tinha olhos e nariz tortos e irradiava vibrações pesadas que nos sensibilizaram ao extremo, mormente quando o ouvimos dizer: — "Me dê caminho... fiquei preso aqui... esperando o meu... ainda não ganhei para ir embora...".

Imediatamente pulamos da cama, firmando nossa "gira" e, na segunda-feira, despachamos aquele estranho visitante.

Moral do caso: — Se bem que hoje em dia não exista quase mago negro de verdade, o fato é que a magia-negra existe. A "coisa" é feita. A "coisa" pega e, se não se abrir os olhos em tempo, não há médicos que a curem...

Dentro da regra da magia-negra não convém, de forma alguma, ao médium-magister desmanchar trabalhos "no peito e na raça"; isso lhe trará demandas, inimigos astrais, em todo caso que assim proceder.

O mais conveniente é "dar caminho" dentro da compensação, ou do suborno, através das oferendas adequadas aos casos.

Agora, o que é preciso é saber como "dar caminho, pelo tipo de oferenda"... e quanto a duvidar, é humano, pois as coisas que acontecem por dentro de um terreiro, durante anos e anos, se descritas, acabariam sendo levadas em conta de visionarismo...

CASO F — Destacaremos, para variar um pouco de tema, o caso de um chefe de terreiro quimbandeiro, o qual, de fato, tinha a cobertura espirítica afim a essa prática.

Esse elemento que vamos citar, com o nome de "babá", hoje em dia está novamente no apogeu de suas "traficâncias", e somente citamos para que o leitor veja como até o baixo-astral tem suas revoltas e suas cobranças, quando o seu médium é "salafra e vigarista...".

Esse "babá" tinha um terreiro frequentadíssimo, e se fazia acompanhar de uma amante, linda mulatinha, ainda bem nova.

Grande era a frequência e o movimento de dinheiro, presentes, cachaça, velas, vinho e outras coisas mais, no seu ambiente de trabalho...

O "babá" não satisfeito com as salvas que ia extorquindo "a torto e a direito", passou a revender a enorme quantidade de garrafas de cachaça e velas, que a cada sessão se acumulavam, para o exú de sua cobertura.

O "babá" vinha nessa "doce vida" de enganar o próprio astral inferior e o seu capangueiro, há anos, comia e bebia à tripa forra e os pagamentos na "encruza" mesmo, que ele devia, foram sendo esquecidos.

Uma bela noite, numa sessão de seu terreiro, localizado lá para as bandas de Maria da Graça, estando presente um nosso amigo íntimo que fora verificar um quê qualquer que o interessava, viu se desenrolar ali um quadro dantesco, pavoroso, que assim nos descreveu: para se falar com o preto-velho do tal "babá", faziam fila e era preciso os bons ofícios da linda mulatinha, amante do dito cujo; e nessa noite, lá pelas vinte e três horas, um dos médiuns, substituto direto desse "babá", recebera ordem para abrir os trabalhos, quando se manifestou disfarçadamente nele uma entidade com as características de criança...

Assim ficou um pouco, enganando os presentes. Súbito, transformou-se e definiu-se como "Exú-João-Pepé", e passou a estender a mão sobre os outros médiuns, fazendo com que cada um recebesse um mano seu — isto é, a corrente mediúnica foi presa de uma falange de exús...

Nessa altura, esse tal que se dizia "Exú-João-Pepé" foi dizendo o seguinte: — "Eu, Exú-João-Pepé, estou aqui por ordem do patrão, pra quebrar tudo isso... a minha missão é esta. Onde houver patifaria, por lá acabo chegando e arrasando tudo".

"Esse 'babá' que tá aí é um grande canaia, sem-vergonha, vigarista, tá enganando ocês todo... esses bango, essas marafa, essas vela, fica tudo com ele... ele vende tudo e não paga o que deve e promete... e hoje ele vai vê quem é o seu Pepê"...

Nisso, a atenção se concentrava sobre o tal "Pepê" e o tumulto no ambiente já se processava. O "babá" levantou-se com o pretenso "preto-velho", no intuito de dominar o citado exú e ao aproximar-se do mesmo, com seu "aparato bélico", o "Pepê" disparou tamanha saraivada de nomes feios em cima dele, que não podemos citar todos, apenas ressaltando, isso que "Exú-Pepê" foi lhe dizendo: "deixa de ser sem-vergonha, tu tá mistificando.. tu num tá cum nada... qué vê o que vou fazê agora mesmo?"...

Juntando o gesto à palavra, avançou para espancar o tal "babá" que, vendo aquilo, fugiu espavorido para perto de seu "conga", por trás de uma grade, a qual o "Exú-Pepê" chegou até a quebrar, respeitando apenas o "conga"...

Mas os médiuns que partilhavam aquela patifaria, foram todos esbofeteados pelo "Pepê"... e uma das coisas que mais impressionou o nosso amigo e testemunha disso foi ver como "virava bola" um médium de grande estatura, sargento do Exército, manifestado com um exú...

Ao mesmo tempo que "seu" "João-Pepê" produzia esse tremendo quebra-quebra, estabeleceu-se um pandemônio terrível, com gritos, choros, pedidos de socorro etc...

Escapou o nosso amigo que, rezando e pedindo proteção a seu Anjo da Guarda, escondeu-se debaixo de uma sólida mesa a um canto...

Afinal, tudo voltou a calma, e foram consertar os estragos havidos naquela noite de horror e execução...

Esse "babá" e sua amante levaram anos numa decadência miserável, ressurgindo há pouco tempo, nos programas de um certo radialista que se diz umbandista. Parece que esse "sujo babá" cona seguiu levantar-se com terreiro novamente... talvez porque, hoje em dia, o que está imperando mesmo.. é a confusão e a mistificação...

Moral do caso: Ser "quimbandeiro" já é uma desgraça, e ser "quimbandeiro vigarista" do baixo-astral é dupla desgraça, haja vista o que fizeram com esse "babá" da mulata.

Umbanda e o Poder da Mediunidade 187

CASO G — Para relatarmos esse caso e o que o seguirá, temos que dizer algo sobre um assunto delicado, já abordado em linhas simples em nossas obras e por outros escritores, de um certo modo...

Isso se prende diretamente à função mediúnica, à responsabilidade e consequentes direitos de ação sobre uma criatura médium, por um guia ou protetor, especialmente da Corrente de Umbanda, que é o nosso caso.

Já repetimos exaustivamente, em todos os nossos livros, que a mediunidade é uma condição que se traz de berço, ou melhor, vem antes mesmo da reencarnação.

Para isso, também já debatemos mais do que o suficiente que a manifestação mediúnica é coisa espontânea, vem na hora certa, não é preciso ser forçada ou precipitada.

E, como desenvolvimento, propriamente dito, também já esclarecemos que só se desenvolve em alguém aquilo que já existe; ninguém desperta um dom, se já não o trouxe do berço, conforme já frisamos.

Se o leitor estiver familiarizado com nossas obras, deve estar, neste instante, lembrando-se de tudo isso...

Ora, quando um ser vai encarnar, e por injunção qualquer de seu carma, seja probatório, evolutivo ou missionário, vai levar como prova, complemento ou missão, a função mediúnica de forma clara e positiva, traz, como nós chamamos na Umbanda "ordens e direitos de trabalho" e, assim sendo, sabemos que a criatura médium assumiu seriíssimo compromisso perante o Tribunal do Astral competente...

Esse compromisso e essa responsabilidade são de tal monta, que não é a qualquer espírito ou ser desencarnado que se dá tal ordenação...

O Tribunal competente procede à escolha ou aceita a solicitação de um espírito na qualidade de protetor ou guia, se realmente ele for capaz de lidar com todas as injunções que requer uma função mediúnica... especialmente na Umbanda.

E, na maioria dos casos, o próprio ser que vai encarnar e que Vai servir de veículo mediúnico, participa ativamente nessa escolha, nessa preferência, dentro da lei de afinidade, e pelas possíveis ligações cármicas. Acresce ainda dizer que, se a criatura médium foi iniciado, um magista, sua cobertura mediúnica é feita por guias ou mentores de sua corrente, de sua Escola ou de seu Grupamento Iniciático.

E de acordo com a força de ação mediúnica de que será investido o futuro médium, o Tribunal concede uma espécie de "carta branca" ao protetor, guia ou mentor responsável desse citado médium...

Dentro dessas condições, já tivemos inúmeras oportunidades de ver desenrolarem-se ações disciplinares na Corrente Astral de Umbanda que iam desde as mais simples disciplinas, às mais duas provas físicas, financeiras, morais, e até o desencarne de aparelhos já nós foi dado observar.

Isso se justifica, sabendo-se que dos males o menor... pois sabemos que a influência de um médium pode se estender até sobre coletividades, quer na parte espiritual, moral, social, emocional, psíquica, doméstica, financeira etc...

Bem, suponhamos que um médium esteja dentro dessa situação e que, a certa altura, centenas e centenas de pessoas girem em torno de suas atividades mediúnicas (como é o caso dos grandes Terreiros ou Tendas), ou que se pautem, de certo modo, pelas suas ações nesse setor, e ele, médium, entorte seus caminhos e consequentemente passe a influenciá-los de modo negativo, de vez que todos estão girando na sua corrente astral, sujeitos às influenciações morais, espiríticas, mágicas, que ele centraliza e põe em movimentação.

Então, se o médium, nessa altura, errou, criou ou arranjou tais situações negativas, confusas e consequentemente os que dependam de seu terreiro possam se prejudicar, sendo também envolvidos de maneira desastrosa nas ditas consequências ou nas reações danosas que criou, é claro que, se a balança da lei pesar a vida desse médium e os males que está causando e os que possa causar, não pode ser surpresa para o leitor se dissermos que pode acontecer até o seu desencarne, como medida saneadora, extrema, necessária.

E é dentro desse aspecto que vamos citar o desencarne procedido por um caboclo, que podemos situar na Vibração de Xangô, sobre um seu aparelho feminino, e que assistimos há mais ou menos uns vinte e cinco anos... não citando diretamente local e pessoas porque esse desencarne se deu por desvios morais e existem, ainda vivos, parentes do médium em foco.

Um dia fomos convidado por um amigo a assistir a umas sessões num Terreiro de Xangô, cujo médium mulher afirmou-nos trabalhava com um caboclo que era de fato.

Para lá nos levou, e realmente tivemos a satisfação de constatar a veracidade da afirmação desse amigo. Analisamos o ambiente do terreiro, o médium, sua entidade protetora, dentro da acuidade e certa sensibilidade que sempre nos alerta na hora precisa.

Causaram-nos logo estranha impressão a beleza e a mocidade do médium-chefe, uma senhora casada. Nesse tempo ela devia ter seus vinte e sete para vinte e oito anos.

Observamos, cheio de admiração, como trabalhava bem esse médium com o caboclo. A verdade é que empolgava todo mundo e influenciava decisivamente a vida, as ações e a própria consciência ou o sistema de vida psíquico daquelas centenas de pessoas ou de filhos-de-fé que trafegavam pelo seu terreiro, incluindo nisso, naturalmente, a parte mais afetada, que eram seus médiuns e seus íntimos...

Na terceira sessão fomos alertado intuitivamente, ou por força dessa nossa sensibilidade ou dom de penetração, de que algo por ali andava "torto"... Havia qualquer coisa no ambiente astral e humano do terreiro...

Pusemo-nos a observar diretamente o tal médium-chefe e a fazer uma série de inocentes indagações por um canto e por outro.

Mas o que começamos logo a notar foi a especial atenção, ou melhor, a maneira toda particular com que o ogan seguia os movimentos do médium-chefe. Aquilo não era mais seguir, era fiscalizar ostensivamente...

Sentimos que havia algo dele para ela. De par com isso, constatamos também ser esposo dessa senhora, uma criatura de índole boa, afável, ingênua e além disso, de absoluta fé na mediunidade ou nos protetores da esposa.

Na quarta sessão a que assistimos o caboclo desse médium andou cantando uns pontos um tanto expressivos, porque as imagens que formava neles falavam de erros, castigos e outras coisas mais.

Notamos que o tal ogan e outros médiuns do sexo feminino ficavam assim como que apavorados, como se temessem algo e esperassem um acontecimento repentino.

De repente — quase no fim da sessão — o caboclo chamou o tal ogan, alguns médiuns e o esposo do médium-chefe num canto e ali estiveram conversando longo tempo. Notamos que o esposo do médium-chefe chorava e que o caboclo falava bastante irritado.

Dessa conversação resultou que deviam fechar o terreiro, todas as atividades, por certo tempo.

Terminada a sessão, ficamos por ali, conversando com um e com outro. Acabamos sabendo de toda a história pela voz de um cambono, completamente indignado, que desabafou para nós: o L... caboclo X tinha suspendido por seis meses os trabalhos, havia dispensado definitivamente a cooperação do tal ogan e feito recomendações a seu aparelho, para que esquecesse completamente o seu caso amoroso com o ogan, visto que o próprio marido se comprometera a tudo perdoar...

Enfim, ela já vinha errando há muito tempo, não obstante as severas advertências de seu protetor, e sem levar na devida conta a bondade e a compreensão de seu esposo que gostava dela demais...

A coisa estava nesse pé, quando, uns oito meses depois, esse mesmo amigo que nos levara ao terreiro voltou a convidar-nos, pois tinha sido reaberto. Fomos. Qual não foi a surpresa nossa, quando vimos o mesmo ogan ali postado, em suas funções.

Fomos ao informante cambono e lhe perguntamos, maciamente, o que é que tinha havido, pois estávamos vendo ali o pivô do caso...

Respondeu-nos que a dona "Fulana" o médium-chefe havia desfeito "aquela noda braba" e até convencera o marido de que "nunca houvera nada entre ela e o tal ogan, pois o que caboclo havia dito não era o caboclo, e sim um quiumba"...

Todavia, o cambono acrescentou, no final dessa informação, saber que a 'dona "Fulana" continuava de amores com o dito ogan, e, o pior que não tinha levado em consideração a ordem de seu protetor a esse respeito.

E ainda disse mais que estava preocupadíssimo, porque, durante todos esses anos que acompanhava a atividade daquele caboclo X, jamais o vira "bambear" (com bambear quis dizer: fraquejar, acobertar erros ou repetição de erros) ou encampar qualquer sem-vergonhice...

Abriram a sessão. Cantaram pontos. Quase todo mundo contente pela reabertura; o médium-chefe irradiava alegria e parecia que tudo corria às mil maravilhas... quando caboclo X chegou...

Caboclo X, logo que chegou, saravou uns e outros, pediu que mandassem chamar o compadre de seu aparelho (esta tinha um filho) e de seu esposo, que morava perto, pois desejava falar um assunto com ele. Devemos frisar que o compadre chamado era médico.

Realmente o médico veio e conversou com o caboclo; depois ficou por ali conversando e apreciando...

Lá pelas vinte e três horas, o caboclo fez uma roda com os médiuns, ficou no centro e tirou um ponto impressionante que, de princípio, não foi logo compreendido, só o sendo quando começou a se despedir dos médiuns, dizendo que ia subir, ia "oló"... e não mais voltaria àquele "reino"...

Porém, o que mais nos impressionou nisso tudo foi quando entendemos claramente que o caboclo confortava o marido de seu aparelho, que chorava silenciosamente...

De repente, dirigiu-se para o lado do ogan que, parado, olhava tudo, e com um ponteiro (punhal que apanhara debaixo do "congá") furou o tambor...

Aí, sim, vimos que ia se passar algo de perigoso e para o que chamamos a atenção daquele nosso amigo...

Retornando o caboclo para o centro da roda dos médiuns, sempre firme no ponto de despedida, fazia gestos de cruzamento com as mãos para o "conga", ao mesmo tempo que ia tombando a mulher médium suavemente para o chão, primeiro ajoelhando, depois sentando e logo deitando-a.

Cessou de cantar. Os médiuns também. Houve um silêncio mortal, porque, de fato, a "morte" havia chegado para o seu aprelho...

Descrever o assombro, a consternação, o corre-corre, o desespero dos presentes, seria demais na descrição desse caso...

Apenas diremos que o tal compadre médico chamado correu para socorrer a comadre médium. Nada pôde fazer e acabou dando, como "*causa mortis*, colapso cardíaco".

Caboclo X havia disciplinado seu aparelho de forma decisiva. Várias foram as tentativas feitas com o objetivo de consertar seu aparelho, e ele não tinha levado em conta suas advertências...

Caboclo chegou a dar-lhe até a última chance, para fugir de seu erro ou da repetição dele. Fechou o terreiro, deu tempo ao tempo e nada...

Vendo que não havia solução e que a função mediúnica estava comprometida, servindo de capa e influindo de modo negativo no corpo mediúnico, que até podia tomar aquilo como exemplo, sem falar nos frequentadores, já prejudicados e sujeitos ao "estouro" do baixo-astral, possivelmente usou dos direitos que sua "carta branca" facultava... porque viu claramente que... "dos males, o menor"...

É pena que os "caboclos" de hoje não façam mais essas coisas com seus aparelhos nessa situação, pois ultimamente não temos notícia de semelhante execução da lei. Com isso queremos dizer que... quiumba não tem lei para executar. Entenderam?...

CASO H — Para que o leitor compreenda por que estamos tão a par de tantas coisas do meio umbandista, é bastante informarmos que temos levado nossa vida, metido nisso, vendo tudo, pesquisando tudo, e que conhecemos centenas de terreiros, não só daqui da cidade e de todo o Estado do Rio de Janeiro, como de vários Estados do Brasil...

E temos também, por força dos simpatizantes de nossa Escola (nossas obras), um vasto serviço de informações espontâneas, quase de todas as partes do Brasil, por onde nossos livros são difundidos há anos...

Agora vamos relatar o caso de um médium, também mulher, talvez sem par até o momento, no setor umbandista.

Esse médium era uma mulata, senhora viúva, sem filhos, baiana de nascimento e que tinha o orgulho de haver nascido em pleno meio-dia, e dentro da Igreja do Senhor do Bonfim, da Bahia!

Para nós, foi um dos mais raros e perfeitos aparelhos de in6 corporação, na fase de inconsciente, que já vimos. Além disso, tinha mais um dom extraordinário: a faculdade mediúnica de um tipo de transporte, pelo qual fazia objetos virem de lugares distantes, os quais eram retirados, pelas entidades do médium, pela sua boca...

Era assistida principalmente por duas entidades que se identificavam como Caboclo Cipriano e Tupãzinho (criança).

Os que assistiram às sessões desse médium convenceram-se das maravilhas produzidas pela mediunidade dessa senhora B. Tinha, como frisamos, esse dom de acréscimo, o transporte, e as suas entidades protetoras eram de tal força, de tal conhecimento, que por inúmeras vezes, atendendo dos mais simples aos mais complexos pedidos, procediam à materialização de flores e outros objetos, no recinto da sessão; tudo visto a "olho nu", todo mundo Via, recebia e levava para casa...

Dentre os vários casos de que tomamos conhecimento, vamos relatar apenas estes: uma pessoa com quem mantive relações deve possuir ainda uma "guia ou colar" que o caboclo Cipriano, numa sessão, mediante pedido dessa pessoa, foi buscar no Rio Amazonas, em local onde sabia encontrarem-se muitas, provenientes das primitivas tribos que por ali existiram.

Para realizarem o transporte, sentavam o médium no chão, inclinando-lhe o rosto bem para trás, como para deixa-lo adormecido, e desincorporavam, para voltarem quinze, vinte minutos após (incorporando-se, é claro), dizendo: "Podem receber...".

Então abriam a boca do médium e tiravam o objeto (colar, flores, ervas e outras coisas mais)...

Para quem nunca viu semelhante coisa, parecerá irreal, fantástico, ficção.

Não importa o que possam pensar. Se quiséssemos, ou se houvesse conveniência, poderíamos citar muitas pessoas que ainda têm esses objetos.

Uma pessoa com quem ainda mantemos relações, também mereceu um colar, trazido de longe, pelo transporte.

Então aquela entidade criança, de nome Tupãzinho, fazia as coisas mais incríveis deste mundo, incorporado no médium.

Inúmeras vezes, nas sessões a que comparecia, dava de brincar de esconder e apagar as luzes, apenas estalando os dedos.

Mas o caso que mais nos impressionou foi este relatado por diversas testemunhas oculares: — um cidadão judeu tinha um tio que, falecendo, deixou-lhe sua fortuna. Mas certo documento, por uma circunstância qualquer, fora enterrado com o defunto dentro do bolso do paletó.

É possível ao leitor imaginar a tremenda aflição que se apoderou do judeu, diante dessa situação? O homem se lastimava, se desesperava, andando de "Ceca a Meca", diante da possibilidade de perder a herança, por ter ficado sem meios de comprovar seus direitos.

Alguém o levou a sessão de dona B, em desespero de causa, na esperança de um "milagre" qualquer.

O cidadão judeu não acreditava em coisa alguma relacionada com isso, mas foi à sessão e, a certa altura, falou com Tupãzinho sobre sua questão.

A criança, incorporada, riu, brincou e disse ao judeu que ia ver o que podia fazer. Subiu (desincorporou) e voltou uns minutos depois, dizendo que ainda tinha jeito, mas que providenciassem bastante cânfora para o ambiente, porque o "embrulho dos papé" vinha com mau cheiro.

Aqui é que foge completamente de toda literatura conhecida sobre fenômenos de transporte e materialização, visto casos assim serem incomuns.

O fato é que essa entidade criança, o Tupãzinho, depois que viu o ambiente saturado de cânfora, disse que ia buscar a papelada. E foi.

Dentro de alguns minutos, ei-lo de volta e... começou a tirar pela boca do médium (sistema comum de transporte e de materializar coisas e objetos usados pelas entidades) a tal papelada que já exalava realmente fétidos odores.

Logo foi posta, de mistura com pedras de cânfora, numa corrente de ar. Depois foi entregue ao interessado.

Era de ver a excitação do judeu, pois logo reconheceu, pela capa cinzenta de um dos documentos, os papéis que julgara irremediavelmente perdidos.

O homenzinho tremia, chorava sem controle, tal a emoção. Mas, voltando a si, quase sem palavras para agradecer, saiu às tontas em busca de sua herança.

Descrevemos estas coisas para mostrar ao leitor a beleza que era a mediunidade dessa senhora B e para contar agora como perdeu tudo isso, e como também os crentes de seus trabalhos ficaram sem os benefícios dessa sua extraordinária faculdade.

Como dissemos no início, essa senhora B era viúva, sem filhos, tinha uma Vida calma, até com relativo conforto, pois, espontaneamente, todos os seus filhos-de-fé a ajudavam.

Tudo ia nesse pé, quando surgiu na vida de dona B um candidato a seus amores, pois era ainda bem sacudida e vivia solitária. Nada mais justo, pois, que ela desejasse um companheiro...

Caboclo Cipriano, inteirando-se da situação, alertou seu aparelho para a inconveniência da ligação com "aquela pessoa", mas, não obstante esse e outros avisos, dona B não abandonou a pretensão; o caboclo disse que não ia forçar seu livre-arbítrio, de vez que nem o próprio Oxalá assim fazia, isto é, não podia nem devia cercear a livre manifestação emocional e sexual de seu aparelho.

Porém, chamou o candidato à mão do aparelho e fez-lhe ver umas tantas coisas, inclusive que não interferisse de forma alguma na função mediúnica de seu aparelho.

O candidato, senhor D, profundamente ignorante dos assuntos espiríticos, nos primeiros meses não se intrometeu diretamente, mas se notava que não estava vendo isso com bons olhos.

Parecia ter um ciúme doentio de dona B, em relação com as pessoas que giravam em torno de seus trabalhos.

Assim começou a forçar dona B a acabar com aquilo. Ela foi se deixando convencer e foi espaçando as sessões, até que, numa certa sessão, caboclo Cipriano decidiu a parada.

Chamou o companheiro de dona B e a pessoa de maior confiança dela, e deixou a questão assim definida:

Para o senhor D (o companheiro) disse que, "se Caboclo não podia mais montar seu "cavalo", também ele não iria mais montá-lo"... e mandou que escolhesse de vez, pois, ou continuava com as sessões, ou levaria seu aparelho "oló".

Para ela — seu aparelho — deixou o seguinte e último aviso: "ou continuaria com as sessões, de qualquer maneira, mesmo que tivesse que se separar do senhor D, ou podia contar que Caboclo ia leva-la 'oló', isto é, iria desencarná-la".

Dona B, empolgada com esse amor, pouca atenção deu a caboclo, talvez influenciada pelo companheiro.

Passaram-se uns três meses, quando correu a notícia de que dona B estava muito doente...

Alguns de seus filhos-de-fé compreenderam o caso e tudo fizeram para obter um "malei" do Caboclo, para dona B. Não houve jeito. Ela desencarnou, cumprindo-se o que havia dito a sua entidade responsável. Nem ele, Caboclo, nem o companheiro dela, senhor D, montariam mais o "cavalo"... "nem de um jeito nem de outro...".

Entretanto, o caso não ficou encerrado apenas nisso. O ex-companheiro do médium, após alguns meses desse acontecimento, foi colhido por um carro e ficou aleijado das duas pernas.

Assim relacionado com esse caso, vamos revelar mais o seguinte: a esposa do senhor A, que tinha especial devoção por Tupãzinho, desejou, por nosso intermédio, fazer uma oferenda festiva a essa entidade criança, de doces e outras coisas mais, como um preito de saudade, de devoção.

No dia dessa oferenda, dessa distribuição de doces em louvor de Tupãzinho, em nossa Tenda, quisemos salvá-lo com um ponto adequado, fora dos mais conhecidos e já batidos, mas nada nos vinha à ideia, quando, subitamente, ouvimos um cântico penetrar nossa audição.

Logo compreendemos ser Tupãzinho que o cantava e o fomos repetindo alto, e todos acompanharam assim...

Tupã, olha seu Tupãzinho

Que desce lá do céu azul

Trazendo a Luz de Oxalá

Aqui pra dentro do "Congá"...

Não fazemos comentários sobre a dita disciplina imposta pela entidade Caboclo, nesse caso, visto já termos explicado antes essa questão de responsabilidade mediúnica, de "ordens e direitos de trabalho", de carta branca etc...

Apenas finalizaremos dizendo já termos testemunhado dezenas de casos disciplinares sobre aparelhos, de todos os modos e que a Corrente Astral de Umbanda é coisa muito séria... "brinca com fogo quem quer"...

ÍNDICE

W. W. da Matta e Silva — Um Arauto do Além	5
Introduzindo	17
Nota Especial	19

1ª Parte

O Termo Umbanda e seus Valores pelo Lado Africano	21
O Termo Umbanda e seus Valores pelo Lado Brasileiro	27
Uma Elucidação Excepcional e uma advertência aos Nossos Irmãos dos Candomblés	47

2ª Parte

O Poder Supremo Operante. As Hierarquias. O reino Virginal. A Confraria dos Espíritos Ancestrais. O Governo Oculto do Mundo. A Corrente Astral de Umbanda e sua Missão sobre o Brasil. Quem são os Espíritos de Caboclos, Pretos-Velhos etc. A Cabala Original, Chamada Ário-Egípcia, que foi Falsificada e Escondida. A Tradição do Saber Humano que o Oriente e o Ocidente Passaram a Conhecer já Surgiu "Rota, Esfarrapada"	63
O Império do Astral Inferior: As Forças Negras em Ação	75
Umbanda e o Poder da Mediunidade. Conserve o seu Mediunato. A Magia e o Sexo do Médium. As Três Categorias Mediúnicas. A Restrição ao Elemento Feminino. Os Itens A-B-C-D-E-F e suas Considerações. O Adendo A	83

| Elementos de Magia Sexual | 97 |

3ª Parte

| O que é Um Médium-Magista. A Fúria do Baixo-Astral. A Lei de Salva e sua Regra de Cobrança Legal. Compensação e Desgaste. O Abuso e as Consequências. A Decaída | 105 |

| Como Manter o seu Mediunato. As 12 Observações Vitais. Defenda-se do Astral Inferior. A Observação Especial. Yalorixá só Pode ser Sacerdotisa de Função Auxiliar. O Comando Vibratório foi Sempre Masculino. As Mulheres Pretendem Inverter a Regra do Arcano. Uma Alteração de Caráter Genético na Raça Pré-Adâmica e o Desvio. A Precipitação Sexual de Eva — a Mulher — e a sua Condenação pelo Senhor Deus, Segundo Moisés, o Mago. O Hermafroditismo. O "Paraíso" e o Cancelamento Obrigatório na Função Geradora. O Próprio Paulo, o Apóstolo, Reafirmou a Palavra Divina e a Lei Cármica que Situaram a Mulher, Exclusivamente, na Função Auxiliadora. O Adendo B. O Adendo C | 117 |

| A Lei de Pemba — Do Giz como Instrumento Mágico ou Cabalístico — Simbolismo e Confusão Anímica | 131 |

| Do Efeito de Acender Velas para as Almas | 135 |

| Da Comunicação com os Parentes Desencarnados na Umbanda. Do Perigo de Médiuns Receberem Obsessores e como Devem ser Tratados nos Terreiros de Umbanda | 139 |

4ª Parte

O Carma Constituído e o Original a Queda — A Passagem pelos Reinos da Natureza — A Transição. Pela Espécie Animal, do Pelo para a Pena. O Papagaio e o Gorjeio dos Pássaros — A Complementação dos Chacras ou do Corpo-Astral pelas Correntes Vibratórias Eletromagnéticas ou por Todas as Forças Elementais da Natureza Livre. A

Confusão dos Magistas, que Persiste, sobre o que Tentaram Definir como "Elementais-Espíritos da Natureza". Os Elementares. A Ficha Cármica Original   143

Uma Visita as "Covas" do Baixo Astral ou "Reino do Bruxedo"... O Catimbó... O Crente Juremado e o "Forró" no Astral...   155

Casos e Coisas de Umbanda

Caso A — Uma Demanda. Um Casamento "Forçado". O Retorno da Lei. O Suicídio de Famoso Babalaô da Época. Comentários   163

Caso B — Uma Obsessão Pavorosa. Uma Demanda ou um "Desmancho" apressado quase Provocou nosso Desencarne   168

Caso C — Uma Demanda Perigosa. O Revide ou a Compensação exigida pelo Baixo-Astral. A Queda de um Médium de Verdade   171

Caso D — Outra "Rasteira" do Baixo-Astral. Sexo. Queda e Reintegração de um Médium   179

Caso E — Como Duvidamos de uma "Macumba" Feita, "Pegada" e Desmanchada em Poucas Horas   182

Caso F — O Caso do "Babalaô" Quimbandeiro que enganava os Exús. A Vingança deles e a "Quebradeira" que Fizeram no Terreiro   185

Caso G — A Disciplina sobre Médiuns de Umbanda. A Carta Branca e o Desencarne de um Médium por Causas Morais   187

Caso H — Um Médium de Umbanda de Faculdade Raras. A Preferência pela sua Paixão. A Escolha e o seu Desencarne como Dura Medida Disciplinar   192